Les miniAtomix

LES PREMIERS MAÎTRES D'OCTET

Dans la série Les miniAtomix

Tome 1, Le Pays de Möle, 2006.
Tome 2, La Zone, 2006.
Tome 3, Les premiers maîtres d'Octet, 2006.

Dē BERGERON

Les miniAtomix

LES PREMIERS MAÎTRES D'OCTET

LANCTÔT
ÉDITEUR

LANCTÔT ÉDITEUR
4703, rue Saint-Denis
Montréal (Québec) H2J 2L5
Téléphone : (514) 680-8905
Télécopieur : (514) 680-8906

Illustrations : Christian Bougie, Annie Cossette et Isabelle Lamoureux
Infographie et maquette de la couverture : Roxane Vaillant
Révision : Annie Talbot
Correction : Caroline Turgeon

Distribution : Prologue
1650, boul. Lionel-Bertrand
Boisbriand, Québec
J7H 1N7
Téléphone : (450) 434-0306 / 1-800 363-3864
Télécopieur : (450) 434-2627 / 1-800 361-8088
Distribution en Europe : Librairie du Québec
30, rue Gay-Lussac
75005 Paris, France
Télécopieur : 01 43 54 39 15
Adresse électronique : liquebec@noos.fr

Lanctôt éditeur bénéficie du soutien financier de la SODEC, du Programme de crédits d'impôt du gouvernement du Québec et est inscrit au Programme de subvention globale du Conseil des Arts du Canada. Nous reconnaissons l'aide financière du gouvernement du Canada par l'entremise du Programme d'aide au développement de l'industrie de l'édition (PADIÉ) pour nos activités d'édition.

Dépôt légal — 2006
Bibliothèque et Archives nationales du Québec
Bibliothèque nationale du Canada
ISBN 10 : 2-89485-355-6
ISBN 13 : 978-2-89485-355-9

à Gilles, notre Vieux Tronc *commun*

Résumé du deuxième tome
La Zone

Hydro, Héli, Oxy et leurs compagnons ont réussi l'exploit de pénétrer dans la Zone, de sauver Pico et de revenir sains et saufs au Pays de Möle. Pendant leur périple, ils ont découvert, au bout du monde, le repaire des électrons qui sont parvenus à s'échapper de l'usine d'*é*. Les miniAtomix ont aussi été surpris de trouver des alliés parmi les métaAtomix, dont Cobalt, l'androïde aux jambes de sauterelle. Entre-temps, dans le Macro-monde, les enfants ont fait de bien étranges découvertes sous les décombres du parc-bulle…

Chapitre 1

Madame Quersek

Les vacances du milieu sont terminées. Tom Bohr circule en compagnie d'Olivier sur la piste qui mène à l'école des Zorbitals. En silence, les deux garçons rêvassent. Olivier pense aux fabuleux voyages dans le Mini-monde. Il se souvient particulièrement de la Zone avec ses glissoires géantes, la Bong ! et les poursuites en é-mobile. De son côté, Tom est bien content de recommencer l'école pour voir ses amis, surtout Éli, qui a heureusement retrouvé l'usage de la parole grâce à une opération… La seule ombre au tableau, pense-t-il, c'est qu'il va encore se retrouver nez à nez avec ce trouble-fête de Tek.

Soudain, ils sont interrompus dans leurs rêveries.

– Hé, attendez-moi ! Je viens avec vous.

C'est Claude qui s'approche d'eux. Sa plaque antigravité traîne presque au sol à cause de son poids, disons, un peu excessif.

– Tu veux un bonbon-bombe ? propose-t-il à Tom.

Le garçon accepte avec plaisir et ralentit sa vitesse pour l'accorder à celle beaucoup plus lente de son nouvel ami. En fondant, la friandise explose dans sa bouche et libère en rafale des saveurs de miel, de fraise, de chocolat puis de menthe.

– Et toi ? demande Claude en s'adressant à Olivier. En veux-tu un ?

– Es-tu fou ! Je viens juste de retrouver mes molaires... Elles ont passé une bonne partie des vacances plantées dans un pot et soignées par le dentiste. Il a d'abord gratté les caries puis, quand l'émail s'est refermé, il me les a réimplantées dans la mâchoire... Mais... heu... il s'est trompé et je me suis retrouvé avec la molaire de quelqu'un d'autre.

– Beurk !

– J'ai même gardé cette dent pendant quelques jours avant qu'il ne s'aperçoive de son erreur...

– Sais-tu à qui appartenait la dent ?

– Oui...

– À qui ?

– À notre directrice...

– Hein ! La Crapeau ?

– En personne.

Claude s'étouffe avec son bonbon.

– Ouach !

Ils arrivent à l'école. Dès qu'il a franchi la bulle de protection, Tom va rejoindre Éli. La petite fille a passé les vacances à la campagne avec ses parents et il ne l'a pas vue depuis la fin des classes.

– Et alors, la campagne ? demande-t-il avec curiosité.

Il a souvent eu l'occasion de voir des images et des films de la campagne, mais il n'a jamais eu la chance d'y aller lui-même.

– C'est comme un gigantesque parc périphérique… mais en bien plus beau. Tout pousse n'importe comment, en fouillis. Et puis…

– Et puis quoi ?

– Il y a les odeurs ! Toutes sortes d'odeurs qu'on ne sent jamais ici à Entropia : des arômes de sapin, de fleurs, de foin mouillé, de marais, de champignons… Je vais t'apporter mon album odographique pour que tu puisses tout sentir toi-même.

Il n'a pas le temps de poser plus de questions qu'ils sont rejoints par Magalie et Charly. Les jumeaux sont impatients d'avoir des nouvelles du Mini-monde.

– Alors, Tom, es-tu allé là-bas pendant les vacances ?

– Pas vraiment…

En vérité, il s'est rendu dans le Mini-monde une fois… Tom avait eu l'impression que le vieil Ura lui cachait quelque chose et il avait voulu en avoir le cœur net. Il y était allé en secret et avait demandé à Lithium la licorne de l'amener au Grand Lac. Mais la petite visite éclair qu'il avait faite au radioAtomix n'avait rien donné.

Les enfants conviennent de se réunir pendant la récréation à leur endroit habituel, c'est-à-dire dans la cour, derrière le mur du gymnase.

En classe, une mauvaise surprise les attend: madame Rachel, leur enseignante, n'est pas là. Ils ne savent pas quoi faire et, laissés à eux-mêmes, la pagaille s'installe.

Éli et Nazora discutent à voix haute. Les jumeaux pianotent sur le clavier de commande réservé à madame Rachel et tentent de convaincre l'ordinateur de transformer la classe en camp de vacances avec jeux, glissoire et piscine. Tek bombarde le bureau de Tom avec des petites boules gluantes qui dégagent une odeur de transpiration quand elles éclatent. Derrière son pupitre déployé en paravent, le garçon tente de se protéger, mais une des boules gluantes l'atteint en plein front. Au même moment, la porte de la classe s'ouvre…

– Ça suffit, les enfants, retournez à vos places.

La voix autoritaire de madame Crépeau ramène instantanément les élèves à l'ordre.

– Vous vous comportez comme des bébés… Voici la situation : madame Rachel devra malheureusement s'absenter pendant un certain temps…

La main levée, mais sans attendre la permission de parler, Éli l'interrompt.

– Est-ce que c'est grave, Madame ?

– Heu, non… disons que… qu'il s'agit de raisons personnelles. En attendant son retour…

La directrice se tourne vers la porte et s'adresse à une personne qui jusque-là attendait dans le couloir.

– Si vous voulez bien entrer…

Un frisson parcourt la classe quand la dame fait son apparition.

– Les enfants, je vous présente votre remplaçante, madame Quersek.

La dame a les lèvres si pincées que des dizaines de sillons se creusent en étoile autour de sa bouche, et ses cheveux sont ramenés en un chignon si serré qu'il tire légèrement la peau de ses tempes vers l'arrière. Madame Quersek porte des chaussures plates à grosses semelles et une jupe qui lui cache la moitié des mollets. Elle balaie lentement la classe de son regard glacial. Involontairement, Tom rentre la tête dans ses épaules quand il croise son regard.

– Brrrrr ! chuchote à voix basse Éli à ses côtés.

– Je ne vous cacherai pas que je suis suppléante depuis vingt-cinq ans, explique-t-elle après le départ de la directrice. Je connais donc à l'avance toutes vos petites astuces. Si vous êtes travaillants et si vous obéissez aux consignes, tout se passera bien. Autrement… les têtes fortes trouveront à qui parler.

En expliquant le joyeux programme qu'elle leur a préparé – travaux individuels, devoirs quotidiens de plusieurs pages, leçons et mémorisation de texte, examens sans aide de l'ordinateur –, madame Quersek parcourt les allées de la classe.

Quand elle arrive à la hauteur de Tom, elle s'arrête à ses côtés en reniflant l'air bruyamment.

– Hum… Je crois bien que certains élèves négligent leur hygiène corporelle.

– Mais, Madame…

Tom essaie d'expliquer que l'odeur ne vient pas de lui, mais des boules gluantes que Tek s'est amusé à lui lancer.

– Tut, tut ! Pas de mais… mais du savon, le coupe la remplaçante. Demain, présentezvous à l'école dans une tenue impeccable, autrement…

La remplaçante apostrophe ensuite Claude, mais celui-ci, la bouche pleine, ne parvient pas à lui répondre.

– Vous terminez votre déjeuner ou bien vous commencez votre dîner à l'avance ? Vous semblez ignorer, jeune personne, qu'une salle de classe n'est pas une cafétéria.

Le grassouillet garçon ne sait pas quoi faire – il ne peut pas avaler le bonbon-bombe encore trop gros et il ne veut pas non plus le sortir de sa bouche devant tout le monde –, mais heureusement la vibration annonçant la récréation le sort du pétrin. Et dans la seconde qui suit, les élèves sont tous debout, prêts à sortir.

– Tut, tut ! Attendez ! ordonne madame Quersek sur un ton qui ne laisse aucune place à la désobéissance. Asseyez-vous !

Interloqués, les élèves se regardent, hésitent un moment puis se rassoient résignés.

– Pas de précipitation. Vous devez d'abord attendre mon signal, vous lever sans hâte, former des rangs harmonieux, ensuite sortir sans bousculade. Oh ! j'oubliais, et en silence. Si la sortie n'est pas à mon goût, nous la répéterons autant de fois qu'il le faudra. Tant pis si la récréation y passe…

Ponctués de « Tut, tut ! On ne bâille pas », « Tut, tut ! On marche sans bruit », émis par la remplaçante pour chaque petite faute commise, les élèves finissent de peine et de misère par gagner la cour de récréation, puis se sauvent à toutes jambes, bien loin de l'entrée, de peur d'être rattrapés par un nouveau « Tut, tut ! ».

– Ça promet ! commente Charly qui résume l'impression générale du groupe dès qu'ils sont réunis derrière le mur du gymnase.

– Souhaitons que madame Rachel revienne au plus vite, ajoute Magalie, sa jumelle.

Claude n'a plus du tout envie de manger ses bonbons et donne le reste du sac à Sabine qui le regarde avec étonnement.

– Qu'est-ce qui se passe ? demande Olivier.

Nadine et Olivier, qui fréquentent une autre classe, sont mis au courant de l'arrivée de « la Tutut », le nom que choisit spontanément Nazora pour décrire la remplaçante pincée.

– Oublions-la pour l'instant, nous avons mieux à faire.

Les neuf enfants sont réunis pour la première fois depuis la fin des examens du milieu. Ils ne sont donc pas retournés dans le Mini-monde depuis leur retour triomphal de la Zone, après avoir récupéré Pico, l'électron d'Héli.

Tom sort l'Œil de cristal de la chaussette de bébé qui le protège. Il s'agit de son trésor le plus précieux. À l'aide de cette loupe mystérieuse, les enfants *pouffent* les uns après les autres dans le monde de l'infiniment petit.

MMMMMMMMMMMMMMMMMMM

Tom se retrouve instantanément au Pays de Möle, dans la peau d'Hydro.

Installé sur la rive du Grand Lac en compagnie d'Héli[1], Hydro supervise l'entraînement de sauts quantiques de Mouch et de Pico. Les deux électrons se sont mis en tête de participer aux prochaines électrolympiades. Cependant, les petits ont encore beaucoup à apprendre avant d'arriver au niveau des métaélectrons surentraînés, qui raflent immanquablement toutes les médailles.

Hydro dose soigneusement les portions d'énergie qu'absorbent Pico et Mouch, puis les regarde bondir d'un niveau atomique à l'autre comme s'ils gravissaient une échelle. Il se rend compte depuis quelque temps que Mouch plafonne au troisième palier. Pire,

1. Il s'agit bien sûr d'Éli, qui devient une petite fée quand elle se transporte dans le Mini-monde.

même s'il l'encourage à revenir sur sa couche de repos en effectuant un seul grand saut, Mouch, craintif, ne peut s'empêcher de poser ses petites pattes sur le palier intermédiaire. L'électron tombe du niveau trois au deux, puis du deux au un… et chouip ! chouip ! émet à chaque saut un minuscule photon de lumière.

– Oh, le joli photon rouge ! Tu peux continuer à faire des petits sauts, Mouch, mais essaye au moins de monter au quatrième niveau. Tiens, voici la quantité d'énergie dont tu as besoin pour bondir jusque-là.

En parlant, Hydro relève le petit casque de Mouch, mais d'un geste impatient l'électron le rabaisse et garde la bouche fermée.

Même si son nouveau rôle d'entraîneur le tient occupé, Hydro se rend compte qu'il s'ennuie… Après les aventures trépidantes qu'il a vécues dans la Zone, le miniAtomix trouve que la vie au Grand Lac est beaucoup trop calme. Son ami Oxy[2], qui a choisi de rester au village des Frontaliers du sud, lui manque terriblement.

---

2. Olivier se transforme en centaure quand il passe dans le Mini-monde.

Antimoine[3] batifole dans l'eau en regardant de loin l'entraînement des électrons. La pieuvre est ravie d'avoir choisi d'accompagner Hydro au Grand Lac plutôt que de retourner travailler avec Azote sur la rivière Apprivoisée. En effet, elle adore nager dans cette gigantesque masse d'eau calme.

Un peu plus loin sur le rivage, Chlore, qui se fait dorer au soleil, ne regrette pas non plus son choix… quoique… l'éléphant gourmand pense souvent avec nostalgie aux délicieuses capsules d'énergie cultivées au village des Frontaliers du sud. Couchés en rang sur sa trompe, ses dix-sept électrons, qui n'ont aucune ambition olympique, profitent également de la chaleur du soleil.

– Comment vais-je faire ? demande soudain Héli d'une voix anxieuse.

– Faire quoi ?

– Pour tenir ma promesse. On ne peut pas abandonner les pauvres électrons à leur sort sur la tranche du monde. Il faut retourner là-bas et les ramener au Pays de Möle. J'ai donné ma parole.

Héli trouve qu'ils perdent leur temps. Le saut quantique, c'est bien joli, mais à quoi bon

---

3. Antimoine correspond à Sabine dans le Macromonde.

réussir le plus grand saut possible et émettre le photon le plus énergétique du Minimonde… Il y a des choses autrement plus importantes. Par exemple, ramener les électrons du village des dissidents et combattre les sombres projets de Technétium.

– Retourner dans la Zone, tu n'y penses pas ! Les carbotubes sont constamment surveillés par les métaAtomix et le cadmiver ne fonctionne que dans une direction, tu le sais bien.

Chlore, qui suit la conversation, réagit aussitôt.

– En tout cas, pas question de me faire engloutir à nouveau par ce gros ver glouton.

Sans prendre la peine de répondre à l'éléphant, Héli insiste.

– Mais on a déjà réussi une fois !

– On a eu de la chance… et même si on arrivait à entrer dans la Zone, comment ferait-on pour ramener au Pays les milliers d'électrons ?

Ça, Héli l'ignore…

– Tu m'as parlé d'un vieux sage. Pourquoi ne pas aller lui demander conseil ?

– Ura ? Bonne idée ! Allons le visiter, répond Hydro. Allez, Mouch, hop ! dans ta pochette. On part !

Mais l'électron a décidé qu'il était assez grand maintenant pour suivre Hydro sans être enfermé dans la pochette. Un rien crâneur, il nargue le miniAtomix et esquive chacune de ses tentatives pour l'attraper. Mouch adore ce petit jeu.

– Allons, veux-tu cesser immédiatement !

L'électron continue de n'en faire qu'à sa tête et exécute même une petite danse aérienne juste devant le nez d'Hydro. En ouvrant de grands yeux, le miniAtomix feint alors la surprise et montre du doigt un point situé au-dessus du lac.

– Oh, regardez, un magnifique photon violet !

Curieux, Mouch ne peut s'empêcher de tourner la tête. Sans perdre une seconde, Hydro le saisit par les ailes. Il redresse le petit casque de son électron et le dépose délicatement au fond de la pochette. Contrarié, Mouch rabaisse immédiatement la visière.

– Bon, on peut y aller.

Antimoine, Chlore, Hydro et Héli descendent au fond du Grand Lac et se rendent à la grotte du radioAtomix, située à l'embouchure de la rivière. Finalement, Mouch est plutôt content de reposer ses ailes et ses pattes. Il s'installe confortablement dans son hamac et ramène jusqu'à lui le périscope pour suivre l'action au-dehors.

– Attention, les petits, ne m'approchez pas, je suis radioactif !

En entendant la sempiternelle réplique du vieil Ura, Hydro pense avec nostalgie aux virées qu'il faisait ici avec Oxy... Comme son ami lui manque !

Malgré l'aspect sinistre de la grotte et des lieux sombres qui l'entourent, Héli se sent tout de suite en confiance avec ce vieillard sans âge aux yeux si doux. Intimidée cependant, la petite fée bafouille en exposant la situation à Ura, qui écoute ses propos la tête penchée, le menton pincé entre le pouce et l'index, l'air grave.

– Hum... retourner dans la Zone présentement, affirme-t-il quand elle a terminé, c'est très risqué. Il faudrait que vous soyez de force à affronter les métaAtomix qui deviennent de plus en plus puissants.

– C'est parce qu'ils utilisent l'énergie des électrons, justement. Comment peut-on en venir à bout ? demande Hydro.

Ura réfléchit intensément, semble hésiter, s'éclaircit la voix, puis se décide à parler.

– Je connais deux solutions : une facile et une difficile. La solution facile, c'est l'élixir d'invincibilité. Celui qui en boit devient immensément puissant.

Mouch, qui jusque-là somnolait en suivant distraitement la conversation, reçoit comme une décharge électrique. Il bondit du hamac, s'accroche du périscope, tous ses sens en alerte. Ura vient à l'instant de parler d'« élixir d'invincibilité ». C'est tout simplement incroyable ! L'électron est si surexcité qu'il en fait presque un saut quantique.

Ura poursuit son exposé.

– Et la solution difficile, c'est la recherche du *savoir*.

– Je choisis la solution facile.

– Le problème avec la solution facile, mon cher Hydro, c'est que je ne connais pas la recette de ce fameux élixir. On dit qu'elle est décrite dans un grimoire. Sauf que personne ne sait où trouver ce livre.

Mouch n'est toujours pas revenu de sa surprise... cet élixir, ce vieux grimoire dont parle Ura, il est là, posé sur le petit meuble à côté de lui.

Par le plus grand des hasards (par gourmandise pour être plus précis), Mouch a remonté, il y a quelque temps, ce livre qui s'empoussiérait dans la bibliothèque du quatorzième sous-sol de sa pochette. Il l'avait remarqué au cours d'une de ses visites précédentes et s'était promis de revenir le chercher en pensant qu'il s'agissait d'un livre de cuisine. Depuis, il avait tenté, sans succès, d'en comprendre le sens; un livre écrit en électronais ancien, parlant de substances étranges et de mélanges bizarres...

L'électron bondit en tous sens pour tenter d'attirer l'attention d'Hydro, frappant avec énergie contre le rabat de sa pochette.

– Oh! On dirait que ton électron veut sortir, fait remarquer le radioAtomix avec les yeux rieurs. Toujours aussi vivant, ce petit Mouch!

– Il attendra.

– Je vois. Tu as décidé de te montrer plus ferme avec lui.

L'électron finit par se résigner. Il se calme en se disant que tôt ou tard il trouverait bien un moyen de faire comprendre à Hydro qu'il détient la solution facile pour vaincre les métaAtomix.

– Que faut-il faire alors pour la solution difficile? demande Hydro.

– Ah! Le principe est très simple. Le *savoir* est éparpillé en morceaux; il suffit d'en collectionner les pièces et de reconstruire le casse-tête.

– Et qui détient les pièces du *savoir*? demande Héli avec curiosité.

– Tout le monde, voilà justement le problème. En fait, chaque personne détient un petit bout unique du *savoir*.

– Tout le monde ? Mais alors, le *savoir* est impossible à rassembler, intervient Chlore, facilement porté au découragement.

– Presque, sauf que…

– Sauf que quoi ?

– Certains miniAtomix en détiennent les pièces maîtresses.

– Qui donc ?

– Les maîtres d'Octet.

En prononçant ces paroles, Ura pose un regard insistant sur la petite fée qui baisse la tête. Héli ne voit pas du tout ce qu'*elle* peut bien savoir de plus que les autres. Et comme elle a peur de révéler l'étendue de son ignorance, elle n'ose pas avouer au vieux sage qu'elle est elle-même un maître d'Octet. Heureusement, personne n'attire l'attention sur ce fait.

– Qu'ont-ils de si particulier, les maîtres d'Octet ? s'informe Hydro.

– Tout d'abord, ce sont des miniAtomix qui n'entrent jamais en alliance. Ils ont huit électrons sur leur dernière couche atomique… enfin, presque tous. Ils ne partagent pas d'électrons, car les leurs volent déjà deux par deux.

Héli, qui regarde toujours le bout de ses orteils, se dit qu'avec ses deux petits électrons, elle ne fait pas le poids comme maître d'Octet…

De retour sur les rives du Grand Lac, Mouch essaie à plusieurs reprises de faire comprendre à Hydro qu'il possède le grimoire tant convoité. L'électron est tellement excité qu'il virevolte comme une plume ballottée par les vents. Il tire le livre jusqu'à l'ouverture de la pochette, mais Hydro ne le remarque même pas tellement le grimoire est minuscule.

– Je ne sais pas ce qui lui prend, Mouch est hyperagité. Crois-tu qu'il est perturbé par les entraînements de sauts quantiques ?

– Tu devrais arrêter de t'en faire pour lui. Mouch est un électron plein de vigueur, voilà tout… Que penses-tu de cette histoire de maîtres d'Octet ?

– Je ne sais pas… Ura doit savoir de quoi il parle… Sauf qu'elle n'a vraiment pas l'air facile, sa solution difficile. On ne sait même pas ce qu'il faut chercher.

Pendant qu'Hydro et Héli tentent de mieux comprendre les paroles du vieux sage, Mouch, étendu dans son hamac, réfléchit à la situation. « Un livre si petit, écrit en électronais… Hydro n'y comprendrait jamais rien, songe-t-il. Il n'y a pas trente-six solutions. » L'électron prend alors une décision qui pourrait changer le cours du Mini-monde et peut-être aussi celui du Macromonde : Mouch décide de préparer lui-même l'élixir d'invincibilité, quitte à se tuer à la tâche. Après tout, il travaillerait dans le but de sauver les électrons captifs de la Zone.

« Mais d'abord, pour déchiffrer le grimoire, se dit-il, il me faut un dictionnaire d'électronais ancien. »

D'après les illustrations, il aura aussi besoin de pinces, d'une loupe, d'un réchaud, de fioles spéciales, d'un laboratoire... Sans perdre une seconde, l'électron solidement attaché au fil d'Ariane vole à toute vitesse dans les escaliers en colimaçon qui s'enfoncent dans les nombreux sous-sols de sa pochette – où s'arrête-t-elle d'ailleurs cette pochette ? – et commence à rassembler le matériel dont il aura besoin pour fabriquer l'élixir.

Pendant tout l'après-midi, Mouch est absent pour l'entraînement de sauts quantiques...

– Mouououch ?

*

Pendant ce temps, un peu plus loin dans le Pays, Sod[4] tente depuis un moment de venir à bout d'un segment particulièrement difficile de la rivière Apprivoisée. Pour dompter les

4. Sod correspond à Nadine dans le Macro-monde.

flots, la petite guenon a fabriqué une planche bombée et, debout en équilibre, elle surfe sur les vagues de la rivière.

– Quand tu auras terminé ici, tu t'attaqueras au secteur nord. Des rapides de force quatre se sont formés plus haut, dans une section laissée trop longtemps à l'abandon. Ah là là ! Tout est toujours à recommencer !

Azote[5] ne le dit pas ouvertement, mais elle est très fière de cette nouvelle recrue si talentueuse. Quand les bouillons et les tourbillons d'eau parviennent à faire chavirer Sod, ils gagnent en puissance. Mais, la plupart du temps, la guenon habile réussit à garder l'équilibre et à déjouer les pièges de l'eau. Alors, momentanément domptée, la rivière recommence à couler paisiblement.

La méduse prend deux minutes pour regarder Sod travailler en virtuose. La voilà qui bondit à l'assaut d'une vague, tâte le pouls des rapides et s'élance sans hésiter en fonçant dans la chute à vive allure… La petite guenon est instantanément avalée par la masse d'eau grondante et, après quelques instants, sa planche refait surface un peu plus loin et dérive au fil de l'eau. Azote et ses serpents gardent les yeux rivés sur la rivière. Sod devrait

---

5. Azote n'est nulle autre que la bouillonnante Nazora.

réapparaître d'un moment à l'autre, mais elle demeure invisible…

Le temps passe et l'inquiétude de la méduse grandit. N'y tenant plus, elle se décide finalement à plonger dans les eaux tumultueuses. Elle ne voit rien dans cette eau agitée remplie de bulles d'air. En luttant contre le courant, Azote utilise ses mains et ses serpents pour tâter le fond de la rivière. Toujours rien… Quand elle refait surface, elle entend aussitôt le rire joyeux de Sod. « Très drôle ! », se dit-elle. La petite guenon joueuse-de-tours-pas-toujours-drôle s'est tout simplement cachée derrière la chute. « Ah, celle-là ! »

✳

Tandis que Sod s'amuse aux dépens d'Azote, Oxy, qui se trouve au village des Frontaliers du sud, travaille d'arrache-pied à l'usine de fabrication de pigments de toutes les couleurs, extraits à partir des herbes de la savane Arc-en-ciel. Il a le front en sueur et besogne sans se plaindre.

Au grand étonnement d'Hydro, le centaure avait choisi de ne pas revenir avec lui au Grand Lac.

– Mais, je croyais que tu détestais les corvées, avait objecté Hydro. Je ne comprends pas, tu vas passer tes journées à trimer dans les champs de pommes mal-malor ou à récolter des capsules d'énergie…

– Bah…

En réalité, Oxy ne remarque ni les journées qui passent ni même les corvées imposées par Francium, la chef du village… Non, le fougueux centaure n'a d'yeux que pour la belle Cobalt, car c'est seulement pour elle qu'il a décidé de rester au village. Peu lui importe le travail.

MMMMMMMMMMMMMMMMMMMM

– Mais qu'est-ce qui se passe ici ?

Olivier est brusquement ramené du Minimonde par l'arrivée inopinée de madame Quersek.

– Qu'est-ce que vous complotez, cachés dans votre petit coin ? demande la remplaçante. Un peu de nerf, voyons ! À votre âge, il faut bouger. La récréation est presque terminée. Allez rejoindre les autres, tous en rangs dans trente secondes.

Au même moment, le regard d'Olivier tombe sur Coralie, qui le regarde de l'autre bout de la cour, et il rougit.

– Charmante… laisse tomber Olivier, le cœur dans les nuages.

– Oh !

Insultée, la remplaçante croit qu'Olivier se moque d'elle.

– Je vais aviser votre professeur de votre impertinence. Quel est votre nom ?

– Mais…

– Tut, tut ! Pas de mais… mais du respect et de la retenue, jeune homme.

Et pendant que la remplaçante s'éloigne en se dandinant, Olivier ajoute à l'intention de Tom :

– J'imagine que je viens de faire connaissance de la Tutut.

– Elle-même en personne. J'espère qu'elle ne va pas se mettre à imposer ses règlements dans la cour de l'école : « Tut, tut ! On ne respire pas par la bouche. »

En classe, madame Quersek les attend avec une longue liste de travaux ennuyants. Durant l'après-midi, même l'ordinateur de la classe proteste à sa manière en obéissant à retardement aux demandes de la remplaçante.

– Et alors ? Il vient, ce poème ?

Aïe ! Un poème de cent lignes sans aucune lettre « e », que les élèves doivent mémoriser pour le lendemain.

– Mais…

– Tut, tut ! Pas de mais… mais de la bonne volonté.

*

Malgré la peur d'être découverte par madame Quersek, et incapable de résister, Sabine succombe à la tentation d'envoyer un courriel à Amélie, sa correspondante française, à qui elle raconte tout :

« Je ne peux pas t'écrire aussi souvent que je voudrais, car nous avons une remplaçante vraiment sévère. Calme plat dans le Minimonde. On a visité un vieux radioAtomix qui habite à l'embouchure de la rivière Apprivoisée. Si tu voyais sa grotte au fond du Grand Lac, un vrai désastre ! Hydro et Héli ont décidé de se lancer dans une quête impossible. À la recherche de je ne sais trop quoi qui permettrait de vaincre la force des métaAtomix… J'aurais préféré la solution facile… le vieil Ura a parlé d'un élixir d'invincibilité. À + »

Amélie lui répond immédiatement :

« J'ai aussi entendu parler de cet élixir. Il faut absolument mettre la main dessus, on se le partagera. »

« … sauf que personne ne sait où se trouve la recette. »

Amélie n'écrit rien en retour et Sabine se dit que sa nouvelle amie est déçue... Ah! si seulement elle connaissait cette fameuse recette, Amélie serait drôlement impressionnée.

La voix de madame Quersek la sort de ses rêveries.

– Allons, on révise ensemble la liste des devoirs à faire pour demain: les trente problèmes de mathématiques, la rédaction de votre plan de recherche sur les règlements de la ville d'Entropia, sans oublier le beau poème oulipien. Au revoir, les enfants, et à demain.

– Je n'y comprends rien à son poème, déclare Claude, découragé, en sortant de la classe. Une histoire de sac à dos gourmand... Je n'arriverai jamais à l'apprendre par cœur.

Nadine a quitté la cour de l'école avant tout le monde. Elle s'embusque sur la piste à l'abri des regards, voit Magalie et Charly traverser la bulle et quitter l'école. Nadine accélère sa plaque antigravité en se penchant vers l'avant, puis elle ajuste sa vitesse à celle des jumeaux en les suivant le long d'une artère commerciale. Ils bifurquent sur la piste menant chez Tom, puis tournent sur une rue réservée aux véhicules. Mais quand Nadine arrive au coin, à l'exception d'un camion de livraison, la rue est déserte. Mince! Pas de jumeaux à l'horizon. Une fois de plus, ils ont disparu…

Depuis qu'elle a commencé à les suivre pour découvrir où ils habitent, Magalie et Charly ont pris chaque soir un chemin différent pour rentrer chez eux… et chaque fois ils disparaissent mystérieusement.

Le soir, à la maison, Tom bûche sur le poème impossible. Il le récite à voix haute et, quand il bute sur un mot, Gustave, l'ordinateur domestique, lui vient en aide… à sa manière.

– … *qu'il cachait…* heu, *qu'il cachait…* quoi?

– … *qu'il crachait un volcan*, Monsieur. Merci.

– Pas *crachait*, *cachait*, Gustave.

Couché dans son lit au moment de s'endormir, le garçon tente une dernière fois, sans succès, de réciter le poème et, pour se changer les idées, il décide d'écrire à Éli à l'aide de son CP.

« J'espère que madame Rachel ne sera pas absente trop longtemps! As-tu réussi à apprendre le poème? »

« Tu es fou ! J'ai mon plan… »

« Quoi ? »

« Je n'ai qu'à dire que je ne peux pas trop parler, ordre du médecin. »

La chanceuse ! Éli ne mentait qu'à moitié puisqu'elle venait de subir une délicate opération aux cordes vocales.

Chapitre 2

Une bien étrange photo

C'est le matin. Nadine rejoint Tom dans la cour de l'école.

– Ils l'ont encore fait.

– De quoi parles-tu ?

– Des jumeaux, voyons ! Ils ont encore disparu. Tu ne trouves pas ça bizarre, toi, ces disparitions ?

La petite fille n'a pas renoncé à son projet de suivre les jumeaux pour percer à jour leur secret.

– Je pense que tu devrais les laisser tranquilles. Et qui te dit qu'ils ne font pas exprès pour te semer ?

– Moi ? Je suis la championne des filatures, impossible qu'ils m'aient repérée.

– En tout cas, je pense que Charly et Magalie n'aimeraient pas savoir que tu les suis.

– Ils ne le sauront pas. Tu es le seul à qui j'en ai parlé.

Tom n'ajoute rien puisqu'il sait qu'il n'arrivera jamais à convaincre cette têtue de Nadine.

En même temps, le garçon est flatté de l'avoir pour confidente. La vibration annonçant le début des classes se fait sentir en lui chatouillant légèrement la plante des pieds.

– En tout cas, bonne chance avec la Tutut, l'encourage Nadine en se dirigeant vers l'entrée de l'école.

– J'espère qu'elle ne va pas me choisir pour réciter le poème sans « e ».

– Le poème San-ze ?

– Qui ne contient aucun mot avec la lettre « e ».

Pour lui faire comprendre, Tom commence à réciter :

Oulipo, l'animal poilu,
N'avait jamais voulu
D'un sac à dos si grand
Qu'il cachait un volcan !

Un machin gourmand,
Avalant tout rond,
Archi glouton,
Trop chaud, gluant

Un sac à dos sans os.
Sans o, dit Oulipo,
Un sac à d ?
Rampant plutôt !

Sans corps, trop mou,
Pourri, moisi, qui… heu…

– Ça va, ça va, j'ai compris: « a, i, o, u ! »… N'oublie pas, pendant la récréation, on a un match de ballon-ice contre les MéTa. J'ai besoin de tout le monde. As-tu ton chandail des AlCa avec toi ?

– Toujours.

En classe, madame Quersek les attend avec un sourire crispé accroché au bout des lèvres. Elle les regarde entrer un à un et, quand Tom passe devant elle, elle lui fait signe d'approcher et renifle au-dessus de sa tête.

– Je constate qu'il y a du progrès pour l'odeur, mais je vois tout de même une tache, là, sur le bas de votre pantalon. Vous devriez prendre exemple sur votre compagnon…

Tout en parlant, elle se tourne vers Tek.

– … Tek, n'est-ce pas ? Prenez exemple sur Tek qui est toujours si bien mis. Ça va pour aujourd'hui, vous pouvez aller vous asseoir. Y a-t-il un volontaire pour réciter le poème oulipien ?

Au grand étonnement de toute la classe, Tek lève la main.

– Moi, Madame.

La remplaçante, déjà séduite par le charme du garçon, lui demande de se placer devant la classe et fait préparer à son intention une petite tribune d'honneur avec tapis rouge. Tek en gravit fièrement les marches, relève le menton et, devant la classe ébahie, commence à réciter l'interminable poème sans faire une seule erreur.

– Impressionnant ! Bravo, mon garçon. Vous devriez songer à faire des concours d'art oratoire.

Au fond de la classe, Éli se penche discrètement vers Tom et lui dit à voix basse :

– Tek doit avoir un truc.

Ses chuchotements n'échappent pas à l'oreille aiguisée de madame Quersek.

– Avez-vous quelque chose à partager avec le reste de la classe, Mademoiselle Berzélium ? Ou peut-être souhaitez-vous venir devant la classe à votre tour ?

*

Durant le match de ballon-ice, Tek redouble d'ardeur et, assisté par Augusto, il lance le ballon avec force dès que la surveillante a le dos tourné. Agile, Nadine déjoue toutes ses attaques et le nargue avec un grand sourire moqueur. Peut-être que dans le Mini-monde

Technétium les terrorise tous, mais ici, dans le Macro-monde, Nadine n'a pas du tout peur de lui.

De plus, la capitaine des AlCa s'est découvert un allié de taille au sein de sa propre équipe : Tom. Même s'il est très petit, le garçon lance le ballon avec une précision et une rapidité si redoutables qu'il fait mouche à tout coup. Depuis qu'ils coordonnent leur jeu comme s'ils faisaient partie du même corps, jambes et bras – la grande Lili interceptant les passes en hauteur, et Césarine rattrapant de justesse les ballons rasant le sol –, les AlCa raflent presque tous les matchs.

– Tu es gelé.

– Il a triché. Il a lancé le ballon quand je ne regardais pas, s'indigne Augusto qui vient de recevoir sur le genou un ballon rapide lancé par Tom.

– Allons, ce n'est qu'un jeu, les enfants, et d'ailleurs la récréation est terminée.

Tek, furieux de n'avoir pas remporté la partie, proteste :

– Vous n'avez pas gagné, je n'étais pas encore éliminé.

– Il ne restait que toi. Quatre contre un. Nous avons gagné.

– Pas du tout ! D'ailleurs, je vous mets au défi… Pas dans un match d'amateurs comme celui-ci, organisons un vrai tournoi. Nous verrons qui sont les meilleurs.

– Ça me va. On va organiser un tournoi avec toutes les équipes… Et, à la fin, les perdants devront obéir aux gagnants durant toute une journée.

– Marché conclu.

Un sourire malicieux aux lèvres, Tek songe déjà avec plaisir à ce qu'il fera subir à Tom durant cette journée de supplices…

Ce n'est qu'après le dîner que Tom et ses amis trouvent le temps de se réunir pour gagner le Mini-monde. Coralie, que Tek considère comme traître depuis qu'elle a aidé les miniAtomix à fuir la Zone, se joint à eux pour *pouffer* dans le Pays de Möle. Habilement, Olivier manœuvre pour se retrouver à ses côtés dans le cercle qu'ils forment autour de l'Œil de cristal.

Au même moment, à l'autre bout de la cour, Tek, entouré de ses acolytes, se penche et colle son œil sur le Cylindre d'or. Aussitôt, il se sent aspiré à l'intérieur du tube, passe dans le Mini-monde et se retrouve…

MMMMMMMMMMMMMMMMMMM

… dans la peau de Technétium. Les ambitions du redoutable scorpion ont atteint des proportions démesurées. Le chef des métaAtomix ne se contente plus de vouloir régner en maître sur la Zone : il veut de l'énergie, toujours plus d'énergie pour augmenter sa puissance et contrôler… le Pays de Möle… aussi bien dire le Minimonde au complet.

Dès l'aube, Technétium a rassemblé ses principaux lieutenants dans son quartier général situé au dernier étage de l'usine d'*é*. Posté devant la fenêtre qui domine la ville, le scorpion vient d'exposer ses plans à Molybdène la coquerelle, Zirconium l'araignée, le sergent Rhodium et Or le tyrannosaure. Le scorpion conclut en ces termes :

– Je compte donc sur vous pour cette mission de la plus haute importance. Vous devez pénétrer dans le Pays et me le ramener sans faute. Utilisez tous les moyens à votre disposition. Tous !

Pendant qu'il parle, ses quarante-trois électrons s'activent autour de lui pour faire briller ses écailles, huiler ses articulations, aiguiser la pointe de son dard…

Le soleil est à peine levé sur le village des Frontaliers du sud que retentit le joyeux « C'est le matin », lancé par Fluor le petit fantôme, pour réveiller la maisonnée. Oxy se lève sans rechigner et ramasse au passage une poignée de délicieuses capsules d'énergie fraîchement cueillies. Lithium la licorne et Césium la petite souris préparent des pots de peinture.

– Mais vous venez à peine de finir de peinturer toutes les maisons du village, s'étonne Oxy.

– Justement, il est temps de recommencer… avec de nouvelles couleurs.

Tous les habitants du village se réunissent sur la place autour du puits pour la distribution des tâches quotidiennes.

– Cobalt et Oxy, vous êtes assignés aux carbotubes, annonce Francium, chef du village.

Depuis qu'ils connaissent l'existence et la position exacte du tunnel qu'utilisent les métaAtomix pour entrer au Pays de Möle, Francium a ajouté la surveillance de cette porte d'accès aux nombreuses corvées.

Oxy est ravi, il s'agit de sa corvée préférée, car ils n'ont rien d'autre à faire que de surveiller l'entrée des carbotubes en regardant passer les nuages. Ravi bien entendu, mais nerveux aussi. C'est la première fois qu'il fera équipe avec Cobalt, l'androïde aux jambes de sauterelle. Il va donc se retrouver en tête-à-tête avec elle et se demande anxieusement de quoi il va lui parler…

Pendant ce temps, au Grand Lac, Pico pratique inlassablement ses sauts quantiques, tandis qu'Héli expose à Antimoine la pieuvre et à Chlore l'éléphant son plan pour leur nouvelle expédition.

– Hydro et moi allons suivre la rivière Apprivoisée. En chemin, nous passerons prendre Azote et Sod. Venez-vous avec nous ?

Ils acquiescent tous deux de la tête, sans montrer toutefois beaucoup d'enthousiasme… Chlore songe qu'il préférerait rester sur les rives du Grand Lac, mais il ne veut pas laisser les petits partir seuls.

– Si j'ai bien compris, résume l'éléphant à sa manière, on part à la recherche des maîtres d'Octet pour leur soutirer quelque chose… heu… en rapport avec le *savoir*…

– En gros, c'est ça.

– Et où va-t-on les trouver, vos maîtres d'Octet ? demande la pieuvre.

Héli, qui s'est déjà posé la question sans trouver de réponse, papillonne dans les airs pour cacher son malaise.

– Ben… heu… on verra en chemin. Peut-être qu'Azote aura des idées, n'est-ce pas, Hydro ?

Le miniAtomix ne répond pas. Il n'ose pas l'avouer, mais Hydro est dévoré par l'inquiétude. Il n'a pas vu Mouch depuis la veille. L'électron a déjà raté deux entraînements de sauts quantiques. Quelque chose ne va pas.

Pour la dixième fois depuis le matin, Hydro ouvre la pochette et frappe délicatement les parois avec son index.

– Mouch ? Es-tu là ? Mouch ?

Concentré sur ses efforts, Pico saute avec grâce du quatrième niveau au niveau de repos en émettant un photon superbe.

Au même instant, Hydro, n'y tenant plus, se tourne vers Héli et annonce d'une voix lugubre :

– Il est arrivé un malheur…

– Quoi ? Que dis-tu ? Oh, le joli photon jaune ! Malheur ? Mais non, regarde… Pico n'a rien.

– Je ne parle pas de Pico, je parle de Mouch…

– Qu'a-t-il encore fait ?

– Il a disparu.

– Hydro, tu dramatises, voyons. Il doit paresser dans un coin ou préparer un mauvais coup à sa manière.

– Non, il n'est nulle part… je… je ne sais plus quoi faire. Il a peut-être eu un malaise… une rechute de fièvre mal-malor…

Héli lève les yeux au ciel. Et puis quoi encore !

– En plus… je… je ne suis même pas certain qu'il soit entré dans sa pochette hier. Il a peut-être, par mégarde, absorbé trop d'énergie et a été éjecté alors que je regardais ailleurs…

Devant le visage catastrophé du mini-Atomix, Héli ne peut pas faire autrement que de proposer :

– On peut demander à Pico d'aller jeter un coup d'œil dans ta pochette si ça peut te rassurer. Qu'en dis-tu ?

Accompagné par la belle Cobalt, Oxy, le cœur battant à tout rompre, fait le trajet jusqu'à la montagne Creuse sans prononcer une seule parole. Ils s'installent ensuite dans la cache leur permettant de surveiller l'entrée des carbotubes sans être vus.

Cobalt, qui connaît bien les rêves de puissance de Technétium, prend son rôle très au sérieux et ne quitte pas des yeux l'entrée du tunnel. Depuis un moment, un lourd silence s'est installé entre elle et le centaure. Mal à l'aise, Oxy regarde ses sabots et cherche désespérément quelque chose d'intéressant à dire. Il se décide enfin et commence à parler de ses exploits de conduite en é-mobile. Il raconte comment il a réussi à semer ses poursuivants dans Métapolis…

– … et nous avons réussi à sortir de la ville au nez et à la barbe d'une armée de méta-Atomix en état d'alerte.

– Ma parole, c'est incroyable ! s'exclame avec surprise l'androïde, absorbée dans sa tâche.

– Pas tant que ça… je… je n'ai aucun mérite. J'ai ça dans le sang…, ajoute par fausse modestie Oxy, rouge de fierté.

– … De quoi parles-tu ? Regarde, nous avons de la visite, et pas n'importe laquelle.

Oxy lève le nez et comprend que Cobalt n'a pas vraiment écouté son histoire. Pour une bonne raison : le centaure voit, débouchant à l'entrée des carbotubes, le sergent Rhodium en compagnie d'Or le tyrannosaure, de Molybdène la coquerelle et de Zirconium l'araignée.

– Oh, la belle brochette !

Le centaure entend clairement la voix du tyrannosaure qui ordonne :

– Suivez-moi, je connais le Pays comme ma poche. Je sais où le trouver.

Le groupe de métaAtomix se dirige d'un pas décidé dans les hautes herbes turquoise en passant à deux doigts de leur cachette. Oxy retient son souffle et en profite pour se rapprocher de Cobalt.

– Que viennent-ils faire dans le Pays? chuchote-t-elle à son oreille. Ça ne me dit rien qui vaille. Il faut prévenir Francium sans tarder.

Mais Oxy voit les choses autrement.

– On devrait plutôt les suivre pour découvrir ce qu'ils préparent.

– Beaucoup trop dangereux. Et s'ils nous surprenaient?

Le centaure n'entend pas la dernière remarque de Cobalt car, sans attendre, il s'est élancé sur la piste encore fraîche des métaAtomix. Pas question de les laisser filer.

Cobalt hésite un instant. Doit-elle suivre le centaure? L'androïde aux jambes de sauterelle se décide plutôt à regagner le village: tôt ou tard, ce téméraire d'Oxy allait avoir besoin d'aide.

MMMMMMMMMMMMMMMMMMMMMM

Les enfants sont ramenés dans le Macromonde par la vibration annonçant la fin de la récréation et chacun regagne sa classe.

Au fur et à mesure que l'après-midi avance, madame Quersek ajoute des devoirs à faire et des leçons à apprendre pour le lendemain.

– Vous finirez cet exercice à la maison. Passons maintenant au cours d'histoire…

En même temps que la liste de devoirs et de leçons, les visages des élèves ne cessent de s'allonger.

– Je n'aurai jamais fini pour demain, se plaint Claude en quittant l'école.

Après le repas, Actinia, qui a transformé la salle à manger en salon, s'installe confortablement pour tricoter. À part elle, plus personne ne tricote à présent à Entropia. Tek regarde avec fascination sa grand-mère mélanger habilement le petit fil de laine avec deux fines aiguilles laser et le transformer en tissu.

– Je ne comprends pas, grand-mère, déclare-il soudainement, j'ai une mémoire exceptionnelle…

Tek fait allusion à son exploit du jour. Après tout, il a mémorisé sans effort les cinq pages du poème impossible et l'a récité sans faire une seule faute.

– Je sais, mon petit, je sais.

– Mais alors, pourquoi est-ce que je n'ai aucun souvenir d'avant mon arrivée chez toi?

– Je l'ignore, mon petit. Cesse de t'en faire avec ça. Je suis comme toi, j'ai la mémoire pleine de trous.

– Sauf que je n'ai pas ton âge.

– Oh! j'ai déjà été jeune et certainement aussi vigoureuse que toi. Ne va pas croire le contraire.

Et pour le prouver, Actinia demande à l'ordinateur domestique de transformer le salon en grenier de l'ancien temps. Elle y a remisé tous les vieux objets de son passé et quelquefois elle s'y évade en compagnie de Tek. La pièce se remplit de piles de cartons, de vieux manteaux, de livres, de cadres, de coffres avec des bijoux anciens, de jouets d'enfants…

– Regarde, Tek, le joli tricycle rouge. Je l'ai eu pour mes quatre ans.

À travers la rouille, il ne reste sur le tricycle que quelques petites traces de peinture écaillée. Mais Tek ne dit mot, car les yeux de sa grand-mère brillent comme si elle venait de recevoir le cadeau tout neuf.

Pendant que sa grand-mère raconte – généralement, le garçon écoute d'une oreille distraite, car il n'est pas vraiment convaincu que toutes ses histoires soient exactes –, Tek fouille de son côté dans les boîtes à la recherche de trésors.

Ce soir, il a découvert une boîte remplie de photographies anciennes, si rares à présent. Tek ne reconnaît personne, évidemment, mais les vêtements étranges et les objets qu'il voit pour la première fois l'amusent.

– Et ça, grand-mère, qu'est-ce que c'est ?

– Mais voyons, Tek, c'est un grille-pain.

– Ah ?

Il ignore totalement à quoi sert un grille-pain.

– Et ceci ?

– Un tourne-disque évidemment !

Un disque, d'accord, il comprend qu'il s'agit d'un objet rond et plat... mais pourquoi fallait-il le tourner ?

Il regarde les photographies l'une après l'autre et soudain, il est frappé de stupeur : le souffle coupé. Au bord de la panique, sans dire un mot, il fait disparaître la photographie qu'il vient de trouver dans sa poche pour pouvoir l'examiner à son aise plus tard. Comme il est silencieux depuis un moment, Actinia lui demande si tout va bien.

– Oui, oui... je viens de me rappeler que je n'ai pas terminé mes devoirs...

– Bon alors, fini les vieilleries pour ce soir.

Dès qu'il se retrouve seul, Tek sort la photo et la regarde à l'aide d'une loupe. Sans l'ombre d'un doute, le garçon sur cette photographie d'une autre époque… c'est lui. Il paraît plus jeune. On le voit en compagnie de gens qu'il n'a jamais vus auparavant, et une des jeunes femmes ressemble à Actinia. Sa grand-mère adoptive lui cacherait-elle quelque chose ? Que faisait-il sur cette photo ancienne ? Comment est-ce possible ? Actinia serait-elle en réalité… sa mère ?

Chapitre 3

Les sept portes du 327e sous-sol

– Ce matin, nous abordons un nouveau chapitre de chimie très important, mais je tiens d'abord à vérifier vos connaissances de base. Qui veut aller à l'écran en avant ?

Les mains de Néron, d'Aragon et de Krypt se lèvent comme mues par un ressort, mais madame Quersek les ignore et se tourne vers Tom qui regarde distraitement par la fenêtre.

– Monsieur Bohr, veuillez aller à l'avant.

Le garçon sursaute, tiré de sa rêverie par les chuchotements d'Éli :

– Psssit, Tom ! C'est à toi qu'elle parle.

Il se dirige alors devant la classe en se demandant quelle nouvelle humiliation lui réserve la remplaçante.

Un signe qu'il devrait connaître depuis la première année apparaît sur l'écran géant – un gros X noir dans un carré jaune – et Tom doit expliquer ce qu'il signifie.

– Heu…

À sa grande honte, Tom ne s'en souvient pas… mais il est surtout troublé par autre chose… ce signe… il l'a vu il n'y a pas si longtemps. Avant les vacances du milieu, il a exploré avec les jumeaux une ancienne station de métro ensevelie sous le parc-bulle. Il a vu le signe noir et jaune apposé sur plusieurs contenants empilés dans l'entrepôt découvert durant l'expédition…

– Et alors? Nous n'avons pas toute la journée. Que doit-on comprendre quand ce signe est apposé sur un produit?

– … Ne pas exposer le produit… heu, à la lumière jaune?

– Hum, désolant! Qui connaît la bonne réponse?

Presque tous les élèves lèvent la main.

– Oui, Tek?

– Attention, produit irritant, répond Tek en défiant Tom du regard.

– Bravo. Et celui-ci?

Tom voit défiler l'un après l'autre tous les signes qui apparaissaient sur les contenants de l'entrepôt souterrain. Catastrophé, il en apprend maintenant la terrible signification: explosif, toxique, radioactif, corrosif, dangereux pour l'environnement, inflammable… Mais alors?… Tom jette un coup d'œil aux jumeaux et constate qu'ils sont aussi consternés que lui. Ainsi, l'entrepôt situé à deux pas de l'école abrite des déchets dangereux. Comment est-ce possible ?

Durant la récréation, Tom et les jumeaux expliquent à Éli que ce sont précisément ces signes-là qu'ils ont vus sous le parc-bulle. La petite fille explose :

– Vous êtes certains de ce que vous dites ?

– Absolument.

– Je ne peux pas croire que vous n'ayez reconnu aucun signe, on les apprend en première année.

– Heu…

Sabine, Olivier et Claude se joignent à eux et chacun donne son opinion.

– C'est très grave.

– Il faut avertir la Crapeau.

– Non. Avant, je vais en parler à mes parents, déclare Éli. Ils sauront quoi faire, ils travaillent pour Chimnex.

En attendant, Tom, qui se demande ce qui a bien pu arriver à Mouch, propose à ses amis de *pouffer* sans plus tarder dans le Minimonde.

MMMMMMMMMMMMMMMMMMM

Pour rendre service à Hydro, Pico a accepté d'aller inspecter la pochette de Mouch.

– Je sais, Pico, que c'est très indiscret d'entrer dans une pochette sans y être invité, mais Hydro pense que Mouch est peut-être en difficulté. Va et essaie de le trouver, le presse Héli.

Pico ne se sent pas gêné du tout. Au contraire, il adore sa mission. Depuis le temps que Mouch se vante de sa pochette, il va enfin en connaître tous les secrets.

L'électron d'Héli entre en battant doucement des ailes et atterrit à côté du hamac. Il n'y a aucun bruit ni personne.

– ┼┴┤┐┘┴? s'informe-t-il.

Aucune réponse. Pico fait le tour de l'étage, regarde derrière le fauteuil, cherche dans les replis du hamac. Il ne peut résister et jette un coup d'œil dans le périscope. Génial ! Il balaie le paysage, puis tombe en arrêt sur le gros plan du visage angoissé d'Hydro… Bon d'accord, avant tout, retrouver Mouch.

Pico descend l'escalier. Il fouille dans le nid douillet de Mouch, sous le tas d'oreillers moelleux, puis dans l'armoire remplie d'objets hétéroclites. Il ouvre un panneau et voit son reflet apparaître à l'infini dans des miroirs placés en angle. Pico s'amuse un moment à se faire la grimace, puis il poursuit son inspection.

Hydro a raison de s'inquiéter ; de toute évidence Mouch n'est pas dans la pochette.

Confortablement installé au milieu du nid (comment résister à cette montagne d'oreillers !), Pico se met à réfléchir en examinant la pièce. Soudain, il remarque un curieux entrebâillement dans le mur derrière lui… « *Qu'est-ce que ça peut bien être ?* », se demande-t-il.

Il se lève, s'approche, tend la main et tire sur la porte camouflée… Oh ! une porte secrète… un escalier secret… L'électron ne sait trop que penser. Doit-il retourner avertir Héli ou poursuivre ses recherches ? Il hésite. Et si le sous-sol cachait un danger ? À droite de la porte, Pico remarque une énorme bobine de fil bleu avec l'avertissement suivant : « *Attention, restez toujours attaché au fil d'Ariane.* » Le fil est déroulé et pend le long de l'escalier abrupt. Mouch doit sûrement se trouver à l'autre bout. Pico décide alors de le suivre.

L'escalier en colimaçon conduit au sous-sol, mais le fil ne s'arrête pas là. Non. Il entraîne Pico vers un étage inférieur, puis vers un troisième. Loin d'être rassuré, l'électron continue de s'enfoncer dans les profondeurs de cette étrange pochette. Il tourne et tourne, de plus en plus vite, en comptant les étages. Dixième sous-sol, vingtième, trentième, centième, ça ne finira donc jamais ! Pico a le tournis, mais il poursuit sa course infernale le long du fil bleu.

Puis, comme il s'apprête à effectuer automatiquement le virage pour atteindre le 328e sous-sol, Pico freine brusquement : le fil ne descend pas plus bas. Il bifurque sur l'étage.

Heureusement, même à cette profondeur, les murs de la pochette diffusent encore de la lumière. L'électron tenant le fil d'Ariane dans sa petite main avance prudemment dans le 327e sous-sol. Pico pénètre dans une grande pièce vide et délabrée. Il remarque des traces de pas imprimées dans l'épaisse couche de poussière qui recouvre le sol : Mouch est donc passé par ici. Pico tourne dans un couloir étroit puis débouche sur une salle donnant sur sept portes alignées l'une à côté de l'autre… et, au bout du fil d'Ariane abandonné sur le sol devant la quatrième porte, il n'y a personne.

– ┘┐┐┬┴ ? demande Pico d'une voix craintive.

Que cachent donc ces portes ? En y collant l'oreille, Pico entend des bruits sourds, des coups, mais aussi des voix fortes qui s'affrontent. Tout tremblant, il avance la main vers la poignée… Mais un cri terrifiant se fait alors entendre et le paralyse d'effroi. Mouch est en danger !

L'affaire est trop grave, Pico doit retourner prévenir les autres. Toujours en suivant le fil d'Ariane, l'électron repart comme une fusée vers la sortie. Il n'y a pas une minute à perdre. Les sous-sols défilent à toute allure. Pico jaillit de la pochette comme un feu d'artifice et vole jusqu'à Héli. Avec impatience, et comme preuve de l'urgence de la situation, il brandit sous son nez le bout du fil d'Ariane.

La petite fée comprend immédiatement que les choses ne se passent pas bien du tout…

– Quoi ? Qu'est-ce que ça veut dire ? demande Hydro au bord de la panique.

De son côté, Oxy est toujours sur les traces des métaAtomix. Ils ont traversé la savane Arc-en-ciel, puis ont pénétré dans les Badlands… Les métaAtomix marchent bien plus rapidement que lui, et sans faire de pauses. Le centaure sent que ses forces l'abandonnent. Sans capsules d'énergie, il ne pourra pas tenir ce rythme bien longtemps. Par ailleurs, il ne peut pas retourner bredouille au village et annoncer son échec à Cobalt…

Les sabots tout empoussiérés, il serre les dents et entreprend l'ascension d'une de ces interminables collines. Arrivé au sommet, la langue pendante, il se rend compte qu'il a tout bonnement perdu la trace des métaAtomix. Rien à l'horizon, à part des collines et encore des collines... dans toutes les directions. Oxy est totalement perdu.

Le centaure trébuche sur les cailloux qu'il distingue à peine maintenant que la nuit est tombée. Malgré la noirceur et la fatigue, il continue d'avancer en titubant. Soudain, le sol cède sous ses pas... Dans un vacarme effroyable, Oxy tombe dans le vide...

MMMMMMMMMMMMMMMMMMMM

En courant sans faire attention pour attraper une balle filante, Rod fonce tête première sur Olivier qui tombe à la renverse.

– Hé, qu'est-ce qui te prend ?

– Excuse-moi.

Beaucoup plus bouleversé par ce qui vient de se passer dans le Mini-monde, Olivier ne lui prête déjà plus attention. Il se relève et époussette son pantalon en se demandant dans quel piège maléfique le centaure vient de tomber...

De retour en classe, Sabine se précipite pour écrire à Amélie.

« La nouvelle du jour ne vient pas du Minimonde, mais de ce que Tom et les jumeaux ont découvert sous le parc-bulle. Si c'est vrai… Il paraît qu'il y a un entrepôt rempli de déchets extrêmement dangereux dans le quartier… juste sous nos pieds. »

Mais elle doit mettre fin abruptement à la communication, car madame Quersek réclame l'attention générale.

– … S'il vous plaît. Vous avez bien tous appris vos leçons, je suppose.

Un *oui* général plutôt chétif se fait entendre.

– Parfait.

La remplaçante pianote sur son clavier pour paralyser tous les ordinateurs de la classe. Elle distribue ensuite aux élèves des feuillets électroniques.

– Nous allons voir si vous avez bien assimilé la nouvelle matière. Voici un petit examen. Vous devez répondre, sans l'aide de votre ordinateur, aux cent questions inscrites sur ces feuillets. Je vous remettrai vos notes demain matin.

– Cent questions ? proteste Nazora.

– Des notes comme dans l'ancien temps ! s'étonne Lili.

– Des notes pour quoi faire ? s'informe Claude à voix basse à sa voisine.

– Tut, tut ! On ne parle pas. Si j'en surprends un ou une à parler ou à copier, il aura zéro.

Tom lit la première ligne qui apparaît sur le feuillet: « Quel est le rapport de la circonférence au diamètre d'un cercle? » Ouille! Il ne comprend même pas la question. Il a le goût d'écrire à Éli sur son CP pour lui demander conseil, mais il a trop peur d'être découvert. Le garçon passe à la deuxième question: « Hélicoptère est-il un nom féminin ou masculin? » Glurp! pas plus facile…

Quand la vibration de la récréation se fait sentir, il n'est rendu qu'à la quarante et unième question.

– Au *top*, déposez votre crayon. Top! L'examen est terminé. Veuillez me remettre vos copies.

Tek le premier remet ses feuillets électroniques à madame Quersek qui y jette un coup d'œil.

– Beau travail! Vous avez répondu à toutes les questions et… hum… et dans l'ensemble, vos réponses semblent bonnes. L'examen n'était pas bien difficile, n'est-ce pas?

– Non, Madame, répond-il avec un sourire railleur.

*

Plus tard, dans l'après-midi, les élèves décident d'écrire à madame Rachel et demandent à la remplaçante son adresse électronique.

– Vous n'y pensez pas ! Il est interdit de donner l'adresse privée d'un enseignant. Écrivez-lui plutôt une lettre et je vais me charger de la lui transmettre.

– Une lettre comme dans l'ancien temps ? demande Lili avec ravissement, en s'empressant de sortir une de ses belles plumes. Alors, c'est moi qui l'écris.

Chère Madame Rachel,

Madame Crépeau nous a expliqué que vous n'étiez pas malade ni rien de grave, mais nous sommes quand même très inquiets pour vous. La remplaçante est aimable, mais nous ne comprenons pas toujours ce qu'elle nous demande. L'ordinateur de la classe non plus, car il répond au ralenti. Nous aimons tellement vos examens de groupe… nous n'avons pas vraiment l'habitude des examens avec des notes.

C'est aussi difficile de faire des rangs harmonieux.

Vous nous manquez beaucoup, revenez vite !

XXX de toute la classe

Les enfants prennent plaisir à mettre la lettre dans une enveloppe qu'ils fabriquent eux-mêmes, et, la donnent ensuite cérémonieusement à la remplaçante.

– C'est très gentil. Je la lui remettrai de votre part, leur affirme madame Quersek avec un sourire crispé, en faisant aussitôt disparaître la lettre dans un tiroir de son bureau.

La remplaçante n'a aucunement l'intention de déranger madame Rachel avec de tels enfantillages.

*

– La situation est catastrophique, déclare Éli pendant le repas du soir à ses parents éberlués.

– Mais que veux-tu dire, ma puce ?

– Des déchets dangereux ! Tom et les jumeaux ont tout vu… Il pourrait se produire une catastrophe n'importe quand. Il faut faire quelque chose.

– Nous ne comprenons rien à ce que tu racontes. Commence par le début.

Éli raconte à ses parents qu'après la démolition du parc-bulle, les jumeaux ont découvert l'entrée d'une grotte souterraine conduisant aux ruines d'un ancien métro.

– Ils ont emmené Tom dans un entrepôt rempli de contenants, ensuite des rats géants les ont poursuivis…

– Des rats géants ? Des déchets toxiques ?

– Cette histoire paraît… un peu abracadabrante, tu ne trouves pas, ma chérie? L'as-tu vu toi-même, cet entrepôt?

– No… oon.

– Tes amis ont peut-être exagéré un peu, tu ne crois pas?

– Impossible.

– Allons, calme-toi. Et parlons d'autre chose pour terminer le repas.

Mais Éli ne l'entend pas de cette oreille et répond avec colère.

– Oh! On sait bien… sauf votre travail, il n'y a pas grand-chose qui compte pour vous.

– Éli! Retire ces paroles immédiatement.

Mais la petite fille s'est déjà enfuie dans sa chambre en courant.

Chapitre 4

Maradano, l'as du saut quantique

L'ordinateur de la classe, qui trouve que madame Quersek exagère avec ses examens interminables et ses notes sévères, tente de hausser la moyenne de la classe, mais l'institutrice, qui vérifie tout deux fois plutôt qu'une, ramène les notes à leur plus bas.

Elle procède à la distribution des feuillets électroniques et prend un malin plaisir à commencer par la note la plus faible de la classe.

– Antoine Thomas Bohr, treize sur cent. De deux choses l'une, ou vous n'avez pas du tout étudié ou alors vous ne posséderez jamais cette matière…

Rouge de honte, Tom va chercher sa copie sous le rire moqueur de Tek.

– Pas très loin devant, Éli Berzélium, avec une note de vingt-cinq sur cent. Vous avez peut-être étudié ensemble ?

Même les notes des trois surdoués – Néron, Aragon et Krypt – atteignent à peine la note de passage de soixante sur cent.

– Et la meilleure note… Tek, avec quatre-vingt-seize sur cent. Bravo ! Vous devriez tous prendre exemple sur lui.

Tek, regorgeant de fierté, lance un regard de défi en direction de Tom.

– Il va sans dire que tous ceux dont la note est inférieure à cinquante auront des devoirs supplémentaires à faire ce soir.

– Mais, Madame, laisse échapper Claude au bord du désespoir, on…

– Tut, tut ! pas de mais… mais de l'application et de la persévérance, si vous voulez un jour arriver à développer votre esprit.

La vibration annonçant la récréation se fait sentir. Escortés par madame Quersek, les élèves sortent en rang deux par deux, la mine basse et en silence.

Quand ils sont bien certains que la classe est vide, les jumeaux reviennent discrètement sur leurs pas. Ils fouillent dans le bureau de la remplaçante et découvrent, toute chiffonnée sous des piles de papiers, la lettre que les élèves avaient écrite à madame Rachel.

– C'est bien ce que je pensais, elle n'avait pas du tout l'intention de la lui envoyer, proclame Charly, victorieux, en s'emparant de la lettre.

Suivi de Magalie, il entre ensuite, sans être vu, dans le bureau de la directrice de l'école et y dépose la lettre bien en évidence sur son clavier.

– Au moins, comme ça, on est certains que madame Rachel la recevra.

Sans s'attarder, les jumeaux rejoignent leurs amis dans la cour de l'école juste à temps pour *pouffer* avec eux dans le Mini-monde.

MMMMMMMMMMMMMMMMMMMMM

– Regarde, Cal, le sol est complètement piétiné.

Mag la panthère scrute soigneusement les traces de pas qu'ont laissées les métaAtomix.

– Plusieurs gros… mais il y a aussi un plus petit qui traîne à l'arrière.

– Si on n'a plus la paix dans les Badlands… Allons voir tout de même.

Les deux félins avancent rapidement et silencieusement en suivant la piste. Ils franchissent plusieurs collines sans se soucier de l'effort.

– Oh! Ici, le plus petit a pris une autre direction. Hum! je pense bien qu'il se dirige droit vers les ennuis, celui-là.

Mag montre les traces de sabot qui s'éloignent des autres pistes plus grosses.

– J'ai comme l'impression qu'il aura besoin de nous…

– Surtout s'il est prisonnier d'une cheminée qui rend fou.

Sans perdre de temps, les deux félins bifurquent vers le nord et marchent sur les traces d'Oxy. Ils arrivent au sommet d'une colline plus élevée que les autres puis, munis de longs bâtons, ils avancent en sondant le sol. Un pas après l'autre, avec mille précautions.

– J'ai perdu sa trace, il doit être quelque part là-dedans…

– Tu veux dire dans une des flûtes ? Comment allons-nous le trouver ?

Une tâche quasi impossible ! En effet, dans cette région des Badlands, le sol est comme un fromage gruyère, percé de trous qui s'enfoncent dans le sol en longues cheminées étroites. Les trous sont difficiles à voir, recouverts de terre et de mousse. Comment faire pour retrouver un imprudent égaré par ici ?

Oxy, qui gît inconscient au fond d'un trou profond, est réveillé par les voix familières : Mag et Cal ! Le centaure n'en croit pas ses oreilles. Il n'a jamais été aussi heureux d'entendre les inséparables. Il est plongé dans le noir, mais voit au-dessus de sa tête, très loin, un cercle aussi lumineux qu'une pleine lune. Il comprend qu'il est au fond d'un puits. En tâtant, il découvre les étranges parois molles du puits.

– Youhou ! Je suis ici ! crie-t-il du plus fort qu'il peut.

Sa voix résonne avec force à mesure qu'elle rebondit sur les parois vibrantes qui amplifient les sons. Oxy doit se boucher les oreilles tellement le bruit devient assourdissant. Sa voix jaillit de la cheminée et fait sursauter Mag qui se trouve à proximité.

– Je crois qu'on l'a trouvé.

– Et je crois aussi qu'il a compris qu'ici il faut chuchoter et surtout ne jamais crier, au grand jamais.

Les félins organisent le secours. Ils déroulent une corde dans le puits et murmurent des instructions à Oxy. Le centaure s'attache et s'aide en remontant sur la paroi à mesure qu'il est hissé par ses amis. Il ne prononce pas une parole de peur de devenir sourd.

– Oxy ? Mais que fais-tu ici ? s'exclament en chœur Cal et Mag dès qu'ils voient le bout de la crinière du centaure.

– Merci, sans vous… je ne sais pas ce que je serais devenu.

– Tu serais devenu fou. Tu nous remercieras plus tard, il faut filer d'ici au plus vite, car le vent se lève.

Oxy marche sur les talons des félins et comprend très vite ce à quoi il vient d'échapper… À mesure que le vent s'engouffre dans les cheminées, elles commencent à vibrer. Les cheminées longues produisent des notes graves et les tuyaux plus courts, des notes plus aiguës. Oxy se demande en frissonnant comment il aurait supporté ce concert diabolique s'il avait été forcé de l'écouter du fond du puits.

Soudain, orchestrées par le vent, les flûtes entrent en harmonie. Malgré le danger auquel il vient d'échapper, Oxy est incapable de rester indifférent à cette musique magnifique.

– Que c'est beau !

– Peut-être, mais il vaut mieux écouter de loin, surtout si le vent prend de l'ampleur.

Remis de ses émotions et gavé de capsules d'énergie, Oxy explique aux félins qu'au moment de se perdre, il suivait Rhodium et trois autres métaAtomix.

– Ils traversaient les Badlands en direction de la rivière Apprivoisée. Ils vont peut-être au Grand Lac.

– Que cherchent-ils à ton avis ?

– Sûrement Hydro ! Il faut le prévenir sans attendre, s'il n'est pas trop tard…

Fou d'inquiétude depuis que Pico a sorti le long fil bleu de la pochette, Hydro cherche désespérément un moyen pour venir en aide à son électron.

– Pico doit absolument retourner là-bas, Mouch a besoin de lui.

– Penses-tu que cela soit bien prudent ? demande Héli avec crainte.

Terrifié, Pico n'a pas oublié ce hurlement retentissant derrière la porte... Quelle torture affreuse pouvait provoquer de tels cris ? Et s'il lui arrivait malheur aussi ?

– N'aie pas peur, petit. Je ne te lâcherai pas, explique Hydro en passant le fil mince comme un cheveu autour de son doigt. Reste toujours attaché à ce fil et, s'il arrive quoi que ce soit, je vais te tirer hors de la pochette.

Pico est loin d'être rassuré et se demande ce qui a forcé Mouch à se détacher du fil d'Ariane... Et s'il lui arrivait la même chose ?

Cédant finalement aux supplications d'Hydro, l'électron passe le fil deux fois autour de sa taille et, après avoir vérifié la solidité des nœuds, redescend courageusement jusqu'au 327e sous-sol. Pico avale une rasade d'énergie liquide et, ainsi revigoré, s'avance devant les sept portes. Que va-t-il trouver derrière ?

En fermant ses yeux et en tremblant de peur, l'électron approche fébrilement la main vers la quatrième porte. « Il vaudrait mieux abandonner maintenant et remonter au plus vite avant d'aller plus loin, songe-t-il, la main sur la poignée. Personne ne le saurait… »

Pico se raisonne et se dit qu'après ce qu'il a supporté dans la Zone, il ne va tout de même pas flancher et se laisser impressionner par quelques cris étouffés. Il tourne finalement la poignée et ouvre très lentement la porte… En écartant les doigts, il jette un coup d'œil. Il ne voit que du vide. Oh ! Surpris, Pico perd l'équilibre, chancelle dangereusement et se rattrape de justesse sur la poignée. Le vide ?

C'est à ce moment qu'il aperçoit en bas, là-bas, très loin, Mouch en grande conversation avec un autre électron.

– *MOUCH !* (Traduction de la conversation pour le plus grand plaisir des quelques lecteurs qui ne parlent pas encore électronais.)

Mouch lève la tête et son visage s'illumine d'un grand sourire.

– *Hé ! Bonjour Pico ! Passe par la deuxième porte et saute nous rejoindre.*

Soulagé par la tournure des événements, Pico se précipite à la deuxième porte. En l'ouvrant, il découvre une dénivellation qui a exactement la même hauteur que le premier palier de saut quantique. Sans hésiter, il se laisse tomber dans le vide et se place en position d'atterrissage.

Le sol élastique amortit le choc et procure à Pico une sensation exaltante. Quel atterrissage en douceur !

– *Beau photon ! Belle posture !* le félicite l'électron qui se tient à côté de Mouch.

– *Hé ! Content de te voir*, dit Mouch en s'approchant.

Puis, il prend un air solennel pour faire les présentations.

– *Pico, je te présente… nul autre que… le grand… le fabuleux… l'incomparable Maradano ! Le champion de saut quantique en personne.*

Intimidé, Pico le salue d'un signe de tête et demande à Hydro à voix basse :

– *Mais que fait-il dans ta pochette ?*

– *Oh ! Une longue histoire, mais avant de te la raconter, tu devrais essayer le quatrième palier, l'atterrissage est divin, comme sur un nuage… Il y a un sol différent pour chacun des atterrissages. Tout est adapté, ici !*

Pico en meurt d'envie, mais il se rappelle soudain de l'inquiétude d'Hydro.

– *Pas maintenant… tu dois remonter au plus vite. Hydro ne va pas bien. Il croit que tu as disparu.*

– *Disparu, moi ?… Mais pourquoi ? Il s'inquiète toujours pour rien…*

– *Mais tu n'as pas donné signe de vie depuis une journée, tout de même…*

– Une journée ? Es-tu bien certain ?

Trop absorbé par son incroyable rencontre, Mouch n'a tout simplement pas vu le temps passer.

Ils remontent tous les trois et, chemin faisant, Mouch explique à Pico comment il a découvert par hasard l'existence de Maradano au 327e sous-sol.

– Comment a-t-il fait pour entrer ici ? l'interroge Pico.

– Simple, il n'est jamais entré.

– Mais alors ?! Comment se fait-il qu'il soit ici ?

– Parce qu'il n'est jamais sorti non plus. C'est un électron d'Ura. Quand le radioAtomix a donné sa vieille pochette à Hydro, Maradano est resté dedans et Ura ne s'en est jamais rendu compte.

– Il n'était pas question d'abandonner cette petite merveille de gymnase d'entraînement pour les sauts quantiques, fait valoir Maradano. *J'ai mis des jours et des jours à tout installer, à mesurer et à rectifier les hauteurs, à tester les différents sols d'atterrissage… Et puis, des pochettes comme celle-ci, ça ne court pas les rues. Je ne me voyais pas, moi, dans une cage à homard. J'ai décidé de rester ici.*

– Vite, ne traînons plus, Hydro m'attend.

Mouch, soudain impatient, vole devant les deux autres à toute vitesse. Il se mord les lèvres en pensant à ce qu'Hydro a enduré par sa faute.

Les yeux fixés sur le minuscule fil bleu qui passe autour de son index, Hydro attend sans bouger ni parler. Dès qu'il voit Mouch sortir en trombe de la pochette, le miniAtomix tombe d'épuisement à la renverse.

– ┴┤┤├├┘ !

– Rassure-toi, Mouch. C'est l'émotion. Laissons-le dormir un peu, il en a besoin. Mais où étais-tu passé, petit garnement ?

Héli installe un coussin de mousse sous la tête d'Hydro. Elle récupère Pico qui semble un peu exalté par son aventure, et c'est alors qu'elle le remarque…

– Oh ! Qu'est-ce que je vois là ? Il y a un troisième électron avec vous !

Enfermé dans la pochette depuis des lustres, Maradano vole avec un plaisir évident en exécutant des vrilles et des tonneaux compliqués. Il porte un casque aérodynamique et un survêtement qui moule ses muscles bien découpés.

Hydro, qui vient d'ouvrir les yeux, croit rêver. Il ne reconnaît pas du tout cet électron qui vole autour de lui. C'est alors qu'il sent une minuscule caresse sur sa joue, à peine perceptible… la main de Mouch qui le réconforte, il la reconnaîtrait entre mille. Il sourit.

Maradano s'immobilise un moment le temps d'avaler plusieurs gorgées d'énergie liquide. Surénergisé, il bondit jusqu'au cinquième niveau.

– Attention, petit, tu vas tomber.

L'électron bombe le torse, place ses bras, ses jambes et ses ailes ; se tient bien droit, concentré… Ensuite, entraîné par le balancement calculé de ses bras, il s'élance et fonce dans le vide à pleine vitesse.

– Oh non ! Il va s'écraser.

Au dernier moment, Maradano ouvre les ailes et exécute un saut périlleux arrière avant de poser ses pieds en douceur sur le premier niveau. Il émet alors un photon d'une lumière extraordinaire qui s'échappe vers le ciel en vibrant dans l'ultraviolet. Tout un exploit !

– Oh ! Bravo ! Bravo ! crient les miniAtomix éblouis en applaudissant à tout rompre.

Oubliant tous ses tracas, Hydro ne pense même pas à réprimander Mouch.

– Je me demande d'où peut bien venir cet électron.

– Peut-être du village des dissidents. Il est peut-être entré dans ta pochette sans que tu ne t'en rendes compte.

– Possible.

– Dis donc, Hydro. J'y pense… Tu m'as déjà raconté que cette pochette appartenait autrefois à Ura ? Cet électron est peut-être à lui.

– Mais tu as raison, Héli.

– On pourrait aller le lui demander.

La petite fée se dit qu'elle va profiter de l'occasion pour poser quelques questions supplémentaires au vieux sage avant leur départ.

MMMMMMMMMMMMMMMMMMMM

De retour dans la cour de l'école, Tom, tout à son bonheur qu'il ne soit arrivé aucun malheur à Mouch, ne pense même plus à la tonne de devoirs que madame Quersek leur a donnée pour le lendemain. Mais Éli le rappelle à la réalité.

– Est-ce que je peux venir faire mes devoirs chez toi ce soir ? lui demande-t-elle.

Il accepte, ravi. À deux, ils y arriveront peut-être.

– Bonjour Gustave ! salue Éli dès qu'elle passe la porte de l'appartement. Amadeus me parle de toi sans arrêt. J'ai cru comprendre que vous communiquiez régulièrement entre vous, n'est-ce pas? Ah, ce cher Amadeus… qu'est-ce que je ferais sans notre ordinateur domestique, et toi, Tom, sans Gustave?

C'est vrai qu'Amadeus et Gustave échangent beaucoup d'informations. Les deux ordinateurs sont d'ailleurs arrivés à la conclusion qu'ils ont bien fait d'espionner les CP des enfants, car leur manque de discrétion aura au moins servi à une bonne cause: rendre la parole à la petite humaine.

Gustave est bien heureux d'entendre la voix d'Éli. Depuis l'opération, elle semble avoir retrouvé sa joie de vivre et son énergie… enfin, presque, car ce soir il décèle chez elle une certaine contrariété.

Les enfants s'installent devant l'écran géant de la pièce du salon et commencent leurs devoirs. Ils en ont pour au moins trois heures avec tout le travail que madame Quersek leur a donné à faire.

– On devrait se partager le travail, qu'en dis-tu? Ça nous prendrait deux fois moins de temps.

– Mademoiselle Éli soupera-t-elle avec nous? Merci, s'informe Gustave.

– Oh oui! j'aimerais rester, mes parents vont certainement rentrer tard… et puis je n'ai pas tellement envie de les voir, ajoute-t-elle plutôt pour elle-même. Ils ne me croient pas pour les rats géants du parc-bulle…

– Mais je les ai vus, moi, et ils ont failli me manger.

– Je sais…

– Que pensez-vous d'un osso buco servi avec pâtes maison et petits haricots verts? Merci.

Gustave adore cuisiner des petits plats. De plus, il s'est informé auprès d'Amadeus et connaît les recettes favorites de la petite Éli.

– Est-ce que je peux dormir ici, Tom?

– Bien sûr! Je vais demander à ma mère, mais elle dit toujours oui.

Après avoir averti Amadeus qu'Éli restait dormir, Gustave transforme la chambre de la mère de Tom en salle à dîner avec repas fumant déjà placé au centre de la table. L'odeur appétissante attire irrésistiblement les deux enfants.

– Hum! que ça sent bon! J'ai faim.

Éli prend place à table et, surprise, remarque aussitôt un truc bizarre placé devant son assiette.

– Mais… nos verres sont remplis de terre!

Éli prend le verre dans sa main et l'examine de plus près.

– Beurk! J'ai vu quelque chose bouger.

Effectivement, une petite boule rose surgit, puis s'enfonce en rampant dans la terre. Tom, qui connaît bien les petites… heu disons… imperfections de Gustave, comprend vite de quoi il s'agit : des vers de terre.

– Des verres de terre aux vers de terre… Gustave, s'il te plaît, pourrais-tu nous donner des verres de lait à la place ?

Éli éclate de rire et se demande si elle a bien entendu comme un petit ricanement en provenance du mur de l'appartement… Quand ils ont terminé le repas, Éli propose de finir leurs devoirs.

– Heu… avant, je dois… laver la vaisselle. Veux-tu m'aider ?

– Lav… quoi ?

– Laver la vaisselle. Gustave n'arrive pas à réparer le laser. Mais tu sais, je suis habitué à présent.

Avec surprise, elle regarde Tom préparer une bassine d'eau savonneuse et y plonger les assiettes sales. Il lui donne ensuite un chiffon et lui explique qu'elle doit frotter l'assiette pour enlever l'eau… Curieux !

Avant de se coucher, Éli et Tom écoutent l'émission la plus populaire de l'heure, *Partout sur terre et en dessous*, que les enfants suivent chaque semaine avec beaucoup d'intérêt. Depuis le début de la saison, les deux explorateurs, Ya-Ching Lee et N'yad Banckou, fouillent tous les coins de la planète à la recherche d'animaux albinos. Cette semaine, ils ont déniché un paon, une baleine et un pingouin ; les trois animaux sont tout blancs.

Plus tard, au moment de se glisser sous les draps, Éli propose à Tom :

– Si tu veux, pour le laser… je peux peut-être demander conseil à Amadeus. Sans vouloir vexer Gustave, notre ordinateur domestique est un peu mieux versé dans les nouvelles technologies.

Chapitre 5

La route des Pechblendes

– Éli semble bien nerveuse ces derniers temps, tu ne trouves pas, chéri? souligne, préoccupée, Paula en grignotant son repas du matin. Et tellement susceptible… On ne peut rien lui dire sans qu'elle ne se fâche.

– C'est normal après les mois mouvementés qu'elle vient de vivre, le déménagement, la nouvelle école, l'accident, l'opération…

– Et que penses-tu de son histoire de déchets toxiques?

– Certainement une exagération des enfants, conclut le père d'Éli.

– Oui, mais… et si c'était vrai?

– Hum… Je vois où tu veux en venir et tu as raison. Si les faits sont exacts, alors la situation est grave. Aussi bien prévenir les autorités… Je vais en parler à Martin.

– Bonne idée! On en aura le cœur net… mais ce n'est pas nécessaire d'inquiéter Éli davantage. Attendons de savoir ce qui se cache sous l'ancien parc-bulle avant de lui en parler.

Sans plus attendre, Thor Berzélium pianote sur le clavier de son ordinateur personnel et entre en communication avec son ami, l'inspecteur Martin Ω Ohms.

Ce matin, quand les élèves entrent en classe, madame Rachel les attend avec son sourire radieux. Tom est aux anges. Il n'est pas le seul d'ailleurs, tous les enfants poussent des cris de joie. La nouvelle se répand comme une traînée de poudre : « Madame Rachel est de retour ! »

– Bonjour, les enfants !

– Bonjour, Madame Rachel ! répondent-ils en chœur.

– Quel accueil ! Ma parole, on dirait que je vous ai manqué.

Elle ne croit pas si bien dire. Tom se demandait comment il allait survivre une journée de plus avec l'épouvantable madame Quersek.

– Regagnez vos places, s'il vous plaît, nous allons commencer.

Ils se rendent à leurs pupitres avec des visages illuminés. Claude ne peut s'empêcher de penser qu'il a fait tous ses devoirs pour rien.

– D'abord, j'aimerais vous remercier pour votre gentille lettre…

En lisant la lettre, madame Rachel avait compris que ses élèves se sentaient complètement désemparés avec la suppléante. Elle avait donc décidé de revenir en classe plus tôt que prévu. D'ailleurs, elle avait presque réglé tous ses problèmes de… sous-sol.

– Les notes d'examen d'hier ne seront pas retenues.

– Hourra! s'exclament les élèves d'une seule voix.

Madame Rachel obtient le silence après un moment et ajoute:

– Il faut travailler maintenant. Ce matin, nous allons parler de mémoire.

«Oh non! songe Tom, pas encore du par cœur!» En entendant le mot «mémoire», Tek aussi se renfrogne, mais pour une autre raison. Il possède une mémoire exceptionnelle, mais curieusement aucun souvenir du passé. Il déteste qu'on aborde ce sujet. Pourtant, il tend l'oreille, avide de tout apprendre, toujours à la recherche d'explications… Pourquoi, d'ailleurs, tous ces mystères autour de lui? Comme cette histoire de photo ancienne… Comment peut-il se retrouver sur une photo prise il y a cinquante ans?

Madame Rachel pianote sur son clavier et fait apparaître des boîtes qui contiennent des dizaines de petits compartiments. Elle distribue une boîte à chaque élève.

– Ouvrez la porte du premier compartiment et sentez.

Une odeur que Tom connaît bien envahit son nez.

– Vous sentez l'odeur de pêche… facile à reconnaître. Votre cerveau mémorise les odeurs. Combien d'odeurs connaissons-nous ? Des dizaines, des centaines, des milliers ? Vous avez la matinée pour étudier cette boîte à odeurs. Et, cet après-midi, on fera un petit concours de nez.

Curieuse, Lili ouvre les compartiments un à un. Elle utilise un bâton pour prélever les poudres d'odeur, puis décide de les déposer une à la suite de l'autre sur une languette de papier pour créer un poème d'odeurs. Elle s'amuse aussi à faire des mélanges de poudres pour obtenir des combinaisons amusantes : fraise au poivre rose ou gâteau chaud aux arômes de lilas et de muguet…

La vibration de la récréation vient interrompre ses expériences. Les élèves, déjà habitués aux manières sévères de madame Quersek, se lèvent en silence, forment des rangs et sortent de la classe deux par deux sous le regard ébahi de madame Rachel.

Tandis qu'à un bout de la cour le groupe de Tek se penche sur le Cylindre d'or, Tom sort l'Œil de cristal et le tient dans sa main au milieu du cercle de ses amis. Un à un, les enfants *pouffent* dans le Mini-monde et retrouvent avec plaisir leurs *alter ego*.

MMMMMMMMMMMMMMMMMMMMM

– Bonjour Ura!

– Attention, ne vous approchez pas les petits…

– … à cause de la radioactivité, oui, on sait, termine Hydro pour lui.

– Comment… vous n'êtes pas encore partis?

– Heu… nous avons eu un petit contretemps. Ura, j'aimerais savoir si vous avez tous vos électrons?

– Oui… bien sûr que oui, répond, hésitant, le radioAtomix en éclaircissant sa voix.

– En êtes-vous bien certain?

– À vrai dire, bafouille-t-il, embarrassé, je n'ai jamais réussi à les compter pour vérifier si les quatre-vingt-douze sont tous là. Ils bougent sans arrêt.

– Et celui-ci? Le reconnaissez-vous?

Maradano sort de la pochette d'Hydro et fait des voltiges élaborées devant Ura abasourdi.

– Maradano, mon petit! Comment ai-je pu te perdre? Je… je ne comprends pas… Viens par ici.

Avant de le quitter, Maradano tend à Mouch un paquet enveloppé avec des rubans aux couleurs éclatantes et des boucles collées partout.

– *Il ne fallait pas*[6].

– *Pour l'hébergement.*

Mouch tente de déchirer le papier et d'arracher les rubans, mais il ne réussit qu'à rendre les choses plus difficiles. Quand finalement il vient à bout des nœuds, les larmes lui montent aux yeux en voyant le cadeau : Mouch tient dans ses petites mains une paire de chaussures de saut quantique.

– *Tu as le choix entre sept niveaux pour les différents atterrissages*, explique Maradano. *En ajustant la clef sur le côté, tu peux choisir, par exemple, l'atterrissage caoutchouteux du deuxième niveau ou le style petit nuage du niveau quatre. Et n'oublie jamais mon conseil : la seule chose qui compte, c'est l'atterrissage ; retournement, freinage par ouverture des ailes puis genoux pliés au maximum pour un amortissement en douceur.*

– *Merci, oh merci beaucoup !*

– Ura, je peux vous poser une question ?

---

6. Note du traducteur : pour ceux et celles qui ont encore de la difficulté avec l'électronais, madame Quersek offre des cours privés.

– Avec plaisir, ma petite Héli, que veux-tu savoir ?

– Heu… C'est que nous ne savons pas où trouver les maîtres d'Octet. Comment doit-on faire ?

– Tu as raison, j'ai effectivement oublié ce petit détail. Ça doit être l'âge, ma transmutation approche. Heureusement que vous êtes revenus… Voyons, l'établissement des frontières… Ah ça, mais attendez, c'était bien après le Big Bang. Vous devriez vous asseoir un moment…

Tandis que Maradano, accueilli en héros par ses frères, visite la cage à homard spécialement aménagée pour eux, Ura raconte aux miniAtomix comment est survenue la division du Mini-monde…

– Quand il y a eu les premiers affrontements opposant les miniAtomix et les métaAtomix, il a été décidé de diviser le Mini-monde en deux, avec d'un côté le Pays de Möle, et de l'autre la Zone.

– Pourquoi n'étaient-ils pas d'accord ?

– C'est une histoire ancienne : les métaAtomix veulent toujours aller plus vite, plus loin, sauter plus haut. Ils construisent des machines qui dévorent l'énergie, ils créent des alliances artificielles et modifient l'environnement… Alors qu'ici, au Pays, la vie est plus simple et plus naturelle, quoi ! À quoi bon le gaspillage et l'empressement ?

– Mais la Zone n'est pas si terrible que ça !

– Je sais, les deux côtés ont du bon et du moins bon… Enfin, pour éviter les confrontations inutiles, les maîtres d'Octet ont décidé de construire une immense barrière séparant le Mini-monde en deux.

Très étonnés, Héli et Hydro apprennent ainsi que les montagnes du Pechblendes et les marais acides ont été créés de toutes pièces par les maîtres d'Octet.

– Et où se trouvent-ils à présent ?

– Toujours là, chacun est responsable d'un bout de frontière. Ils sont bien cachés et personne, pas même moi, ne connaît l'emplacement exact de leurs repaires. Alors, arrivés là-bas, ce sera à vous de jouer…

– Le plan est simple alors : en route pour les Pechblendes !

– Un dernier conseil, n'oubliez jamais… comme dit le dicton : « Tous les métas ne sont pas bêtas et tous les minis ne sont pas gentils. »

Après un examen attentif des lieux, Maradano trouve son nouveau domicile fort bien aménagé. Sur une partie des murs, quatre-vingt-douze alvéoles en forme de rayons de miel servent de lit aux électrons. Cette organisation compacte permet de dégager un espace immense au centre de la cage à électrons. Le champion dresse déjà des plans pour installer différents paliers de saut quantique.

– *Allez, au revoir*, dit-il à Mouch quand les miniAtomix prennent congé d'Ura. *On se reverra aux jeux électrolympiques.*

Quand ils regagnent la surface du Grand Lac, Hydro, Héli, Chlore et Antimoine se mettent en route sans tarder.

– En avant… à la recherche du *savoir*!

– En route pour les problèmes, ouais, marmonne Chlore pour lui-même.

*

Pendant une bonne partie de l'après-midi, les miniAtomix suivent les méandres de la rivière Apprivoisée. De temps à autre, Chlore plonge dans l'eau pour se rafraîchir tandis qu'Hydro ouvre la piste.

En fin de journée, après avoir contourné un des millièmes virages de la rivière, Hydro aperçoit Azote en grande conversation avec Sodium. Il s'avance en catimini afin d'observer la scène sans attirer leur attention.

– Alors, Sod, es-tu venue à bout de ce rapide récalcitrant ? demande Azote qui range sa planche sur le bord de la rivière.

– Oui, oui, tu peux y aller. L'eau est même très agréable.

Sans se méfier, Azote entre dans la rivière comme dans une baignoire. Aussitôt, le remous qui n'était que temporairement figé l'engloutit et l'entraîne jusqu'au pied d'une petite cascade. Sod se tord de rire en voyant la méduse ressortir de l'eau, furieuse et détrempée.

– Si j'avais su, tu serais restée au village des Frontaliers à suer dans les champs de capsules d'énergie…

Ses serpents crachotent de l'eau et s'ébrouent. Ils détestent être pris par surprise.

Hydro, qui n'arrive pas à se retenir, éclate de rire.

– Hydro ! lance aussitôt la petite guenon d'une voix joyeuse en reconnaissant son ami.

– Hydro ! répond l'écho.

Mais ce n'est pas l'écho. Postés sur l'autre rive, les deux félins et Oxy, qui viennent d'arriver, ont aussi assisté à toute la scène et sans attendre, le centaure traverse les flots de la rivière au grand galop, trop content de revoir son ami.

– Que fais-tu ici ? lui demande Hydro. Je te croyais au village des Frontaliers ?

Oxy raconte qu'il était de garde à l'entrée des carbotubes quand il a vu surgir quatre métaAtomix, dont l'abominable tyrannosaure voleur d'électrons. Il les a suivis dans les Badlands, mais s'est perdu et, pour finir, les félins l'ont tiré d'un puits profond dans lequel il était tombé.

– Sans eux, je serais fou à l'heure qu'il est. Ensuite, nous avons décidé de suivre la rivière jusqu'au Grand Lac pour te prévenir de l'arrivée des métaAtomix. Hydro, ils sont à tes trousses. Ils s'en prennent toujours aux plus faibles...

– Petit peut-être, mais pas si faible... prends garde à tes sabots !

Hydro fonce droit dans les pattes avant du centaure ; les deux amis roulent dans la poussière en luttant et en riant, heureux de se retrouver.

– Je crois que nous sommes tous là, fait remarquer Héli.

En effet, les neuf miniAtomix sont à nouveau réunis. Azote, remise de sa tasse, demande :

– Qu'est-ce qui vous amène dans le secteur ?

– On a besoin de vous.

– Ah oui ? Et qu'est-ce que vous voulez cette fois-ci ?

La méduse se méfie. La dernière fois qu'Héli lui a demandé de l'aide, elle s'est retrouvée projetée dans une aventure incroyable en plein cœur de la Zone…

– Nous partons à la recherche des maîtres d'Octet, explique Héli.

– Pour quoi faire ?

– Pour récupérer… heu… réunir leur *savoir*, intervient Hydro.

– Ah bon, rien que ça ! intervient Sod d'un ton moqueur.

– Hum… la nuit tombe. Nous en rediscuterons demain à tête reposée, décide Azote, tout de même intriguée par le projet bizarre de ses amis.

Avant d'aller se coucher, Antimoine, assise au bord de l'eau, laisse ses tentacules dériver dans le courant en écoutant distraitement une conversation entre Mouch et Pico. (La pieuvre est une des rares miniAtomix capables de baragouiner un peu l'électronais).

– Je peux te poser une question, Mouch ?

– Bien sûr.

– J'aimerais savoir ce que tu cherchais dans le 327e sous-sol de ta pochette.

– As-tu déjà entendu parler de l'élixir d'invincibilité ?

– Heu… oui… quand nous avons visité Ura dans la grotte sous-marine.

– Hé bien, j'ai trouvé la recette.

He
H

MMMMMMMMMMMMMMMMMMMMM

Quand elle revient du Mini-monde, Sabine est au comble de l'excitation : elle sait où se trouve la fameuse recette de l'élixir d'invincibilité. Elle tient enfin sa chance d'impressionner Amélie et, dès qu'elle arrive en classe, elle lui écrit :

« La Quersek n'est plus là et personne ne va la pleurer. Je peux enfin te parler plus longtemps. Mag, Cal et Oxy nous ont rejoints. Le groupe des neuf est réuni au grand complet et se lance dans cette expédition insensée… »

« C'est quoi le plan ? », demande Amélie.

« Le plan ?… Aucun. On improvise, on part à la recherche des maîtres d'Octet en allant vers les Pechblendes… Au fait, Mouch, l'électron d'Hydro, dit qu'il a la recette… »

« La recette de quoi ? »

« De l'élixir d'invincibilité. »

« Un électron ?… Bah, ils ont beaucoup d'imagination, ces petits. Enfin, garde-le à l'œil tout de même, on ne sait jamais. Faut que j'y aille. À +, Amélie »

*

À la sortie de l'école, Tom est heureux de voir que sa mère est venue le chercher.

– Nous allons dans les grands magasins, lui annonce-t-elle.

Tom est surpris. La dernière fois qu'ils y sont allés, il n'avait que six ans. C'était pour choisir sa plaque antigravité. Les magasins exercent encore beaucoup d'attrait, mais la mère de Tom ne supporte pas le tapage de ces grandes surfaces.

– Pour acheter quoi ? demande Tom.

Généralement, c'est Gustave qui se charge de faire les courses. Tout est commandé par circuits électroniques et la livraison est automatique.

– Un appareil pour nettoyer la vaisselle.

Placés sur les rayons dans des emballages sophistiqués, les articles électroniques les sollicitent à mesure qu'ils passent dans les allées. « Moi ! Moi ! », crient les petites boîtes alignées qui renferment les derniers modèles de CP.

– J'en ai déjà un, leur répond Tom.

Les boîtes du rayon des jouets trépignent pour attirer l'attention et pleurent avec des voix de bébé pour susciter la pitié.

– Ça n'a pas changé ici ! Viens, Tom, ne traînons pas. Allons au rayon des appareils ménagers. Plus vite nous aurons terminé, plus vite nous serons au restaurant.

Finalement, Fanny n'achète rien. Elle s'impatiente contre les voix des appareils qui récitent leur baratin d'une manière exaspérante dès qu'elle fait mine de s'intéresser à un modèle « … *fini le système laser avec rangement semi-manuel. Grâce au nouveau modèle révolutionnaire DDT 50-Ti, chaque pièce de vaisselle est prise en charge par des gants coussinés qui manœuvrent avec délicatesse. Le nettoyage et la stérilisation se font simultanément et…* »

Tirant Tom par la main, Fanny court en fulminant vers la sortie la plus proche. Comme toujours, elle se jure de ne plus jamais remettre les pieds dans un tel endroit.

Quand ils sont installés devant leur assiette fumante, Fanny se détend enfin.

– Quelle épreuve ces grands magasins ! Je préfère demander une fois de plus à Gustave d'essayer de réparer notre vieux laser. On verra bien… Parlons de choses plus importantes. Est-ce que tout va bien à l'école ? Et Éli, comment se porte-t-elle depuis son opération ?

Tom raconte à sa mère leurs découvertes sous le parc-bulle et il lui confie ses inquiétudes. Il ajoute que madame Rachel est heureusement de retour en classe. Puis, juste comme Tom est sur le point de lui parler du Mini-monde, ils sont interrompus par l'arrivée d'une amie de Fanny qui passe les saluer.

Chapitre 6

Magalie prise au piège

– On dirait qu'ils ont commencé les travaux, fait remarquer Olivier à Tom, quand ils passent devant le parc-bulle. Je me demande ce qu'ils vont construire ici.

Une pelle mécanique est à l'œuvre et creuse le sol, mais de grandes bâches cachent le chantier à leur vue. L'inspecteur Martin Ω Ohms, qui dirige les opérations, ne veut pas attirer l'attention des curieux qui circulent tout près sur les pistes, et encore moins celle des enfants.

– Inspecteur, venez voir. Nous avons découvert une salle souterraine.

Ainsi, les enfants avaient dit vrai !

Dans la classe des plus grands, Augusto profite d'une période libre pour réaliser un projet qu'il a imaginé. Une idée formidable qu'il a eue et qui en mettra plein la vue à tous.

Il a décidé de couler son symbole de méta-Atomix « Au » en métal doré.

Il commence par se fabriquer un moule. En creusant à l'aide d'un petit couteau dans un support spécial, il forme avec application les lettres « *Au* ». Il passe une heure à perfectionner le contour des lettres et à fignoler son travail. Ensuite, il coule dans le moule du métal en fusion et le laisse refroidir…

Très fier, il démoule son chef-d'œuvre, mais il se rend vite compte que le symbole est à l'envers : « uA ». Tout est à recommencer.

– Qu'est-ce que tu fabriques, Augusto ?

Le garçon fait disparaître le symbole à toute vitesse. Il ne veut pas que Zorna se moque de lui. Heureusement, il est sauvé par la vibration de la récréation. Il rejoint Tek et les autres et se penche sur le Cylindre d'or en se demandant où peut bien se trouver l'erreur dans son moule…

MMMMMMMMMMMMMMMMMMMMM

Or le tyrannosaure arrive le premier au Grand Lac. Personne en vue.

– D'après les renseignements de Technétium, la grotte devrait se trouver par là.

Le tyrannosaure indique le fond du lac, à l'embouchure de la rivière Apprivoisée.

– Ne perdons pas de temps.

Suivi des trois autres métaAtomix, il s'enfonce dans les eaux calmes et gagne le fond couvert de coquillages et de fleurs aux couleurs vives. Dans ce décor lumineux, ils repèrent sans peine la grotte d'Ura, encastrée dans des racines géantes et cachée sous des algues gluantes d'un gris sombre.

– C'est là !

Le sergent Rhodium prend alors le commandement de l'expédition.

– Faites sortir vos électrons… Formation du mur, ordonne-t-il.

Zirconium l'araignée plie ses pattes avant et déclenche l'ouverture de son compartiment dorsal d'où jaillit un flot d'électrons en tenue de combat. Ceux de Molybdène sortent par ses antennes et rejoignent le flot, aussi alimenté par les électrons de Rhodium et d'Or. À la fin, les deux cent six électrons se réunissent pour former un mur menaçant et vrombissant.

Le bruit finit par attirer Ura hors de sa grotte.

– Oh là là ! Que se passe-t-il ici ?…

Le vieux radioAtomix n'a pas le temps de finir sa question. Les électrons avancent vers lui et le coincent contre le mur de la grotte.

Les métaAtomix entrent et commencent à fouiller les lieux. Ils jettent par terre le contenu des tiroirs, des étagères de la bibliothèque, soulèvent les meubles… À la fin, la grotte ressemble à un champ de bataille.

– Il n'y a aucun grimoire ici. Il est caché ailleurs.

– Il faut faire parler le radioAtomix, conclut Rhodium en désignant Ura.

– Comment ?

– Ramenons-le à Technétium.

– Il ne nous suivra jamais dans la Zone.

– Vous croyez ?… J'ai ma petite idée.

Zirconium tisse habilement un filet collant en forme de toile d'araignée. Ensuite, plus rapide que l'éclair, elle l'utilise pour attraper la cage à électrons d'Ura et ramène sa prise à elle avant que le radioAtomix n'ait le temps de réagir.

– Maintenant, il va nous suivre bien gentiment, n'est-ce pas ?

– Ne leur faites rien. Oui, oui, je viens avec vous. Mais… heu… marchez devant, je suis radioactif vous savez, et je peux me transmuter à tout moment.

La nuit a porté conseil et Azote décide d'accompagner ses amis dans leur recherche des

Rh
Mo
92

maîtres d'Octet… en prenant naturellement les commandes de l'expédition.

– Pour rejoindre les Pechblendes, le mieux est de remonter la rivière Apprivoisée, recommande-t-elle. On pourra commencer par explorer la montagne de Feu.

– Les maîtres d'Octet, rien de moins ! ironise Sod qui ne croit pas à cette fable du *savoir* éparpillé qu'il suffit de rassembler dans un grand tas.

Malgré ses railleries, la petite guenon ne raterait l'expédition pour rien au Mini-monde.

– Encore Tête-de-serpents qui décide, à ce que je vois, glisse-t-elle à l'oreille de Cal.

Le chat jaune pouffe de rire sous le regard étonné de Mag avec qui d'ordinaire il partage tout… La panthère contrôle sa petite saute d'humeur. Ha ! Cal aime les manières de cette joueuse-de-tours-pas-toujours-drôle ? Elle va lui en jouer des tours, elle, à ce lourdaud de chat, si c'est ce qui l'amuse tant.

Les miniAtomix se mettent en route. Oxy, qui marche derrière Hydro, bavarde avec la petite fée sur son dos.

– Pourquoi ne reviens-tu pas vivre avec nous au Grand Lac ? lui demande-t-elle.

Le centaure n'ose pas lui parler des sentiments qu'il éprouve pour Cobalt et oriente plutôt la conversation sur les métaAtomix.

– Ils se dirigeaient vers le Grand Lac… Je ne sais pas ce qu'ils nous veulent encore.

– Quelle chance que nous soyons en route pour les Pechblendes ! Ils ne nous trouveront jamais.

– Malgré tout, nous devons rester sur nos gardes.

Chlore, porteur de la réserve de capsules d'énergie, ferme la marche. Imperceptiblement, l'éléphant ralentit le pas comme s'il cherchait à mettre une certaine distance entre lui et les autres.

✳

Durant le trajet, Mouch, beaucoup trop occupé, ne tente pas une seule fois de sortir de sa pochette. Il s'entraîne dans le gymnase du 327e sous-sol et, quand ses pattes le font trop souffrir, il se repose en essayant de percer à jour le secret de l'élixir d'invincibilité.

Il a entrepris la traduction en électronais moderne de plusieurs passages du vieux grimoire. Mouch a noirci des pages et des pages de notes. D'après le texte – enfin, si sa traduction est exacte – l'élixir ne contiendrait que six ingrédients. « *Peuh, bébé fafa !* », s'était moqué Mouch, quand il s'en était rendu compte. Sauf que, depuis, l'électron se creuse les méninges pour comprendre de quels ingrédients il s'agit…

« *Voyons voir,* ╪/╨╔┴⊓╥ *peut se traduire par* matière prenant toutes les formes… *bon, mais on peut aussi le traduire par* matière transformant d'autres matières… *heu… passons à l'ingrédient suivant.* ⊥╪/╨╪⎍╥ *veut dire* bout de chaleur d'enfer, *mais également* matière de température excessive transformant la matière… *Hum, pas si facile que ça, la solution facile d'Ura* », songe Mouch avec perplexité.

En cours de traduction, l'électron fait une découverte surprenante : certains passages du grimoire font référence aux maîtres d'Octet « *En déposant le bout de chaleur d'enfer volé au maître d'Octet de la deuxième famille sur un lit de matière inerte…* » Enfin, si les huit petites flèches groupées veulent bien dire « Octet ».

Les miniAtomix ont progressé toute la journée et arrivent aux pieds des Pechblendes. Hydro est bien loin de se douter qu'au même moment, Ura traverse la savane Arc-en-ciel en direction de la Zone en suivant résigné les métaAtomix.

– Nous devons quitter la rivière, déclare Azote avec une pointe de regret dans la voix.

À partir d'ici, il faut garder le cap sur l'ouest, direction la montagne de Feu.

– Es-tu déjà allée dans les Pechblendes ?

– Jamais. Nous avançons maintenant en terrain inconnu.

Héli et le centaure, immédiatement suivis par la pieuvre, rejoignent l'avant-garde du groupe.

– Est-ce que tout le monde est là ? s'informe la méduse.

– Heu… il manque Chlore.

– Encore à la traîne, celui-là, fait observer Oxy avec agacement.

– Hum, il recommence à prendre du retard, fait remarquer Antimoine à voix basse pour n'être entendue que de lui. On devrait le faire marcher en avant, ça serait plus prudent. On ne sait jamais, avec les métaAtomix dans les parages…

« Plus prudent pour qui ? », se demande le centaure, soudain envahi par le doute. Et si l'éléphant laissait volontairement derrière eux des traces pour mettre les métaAtomix sur leur piste ?…

– Tu as raison. À partir de maintenant, c'est moi qui ferme la marche.

Dès que Chlore les rejoint, ils quittent les berges de la rivière et poursuivent leur chemin en suivant un sentier bordé de roches noires. La montagne de Feu est immense et son sommet se perd dans les nuages. Ils n'ont plus le choix, ils doivent monter, et encore monter.

– On n'arrivera jamais à trouver qui que ce soit ici, se plaint Chlore qui marche maintenant derrière Sod. C'est beaucoup trop grand. Par où va-t-on chercher?

– Par en haut, tiens, lui répond la petite guenon d'un ton moqueur.

En posant sa grosse patte lourde sur le sentier, l'éléphant remarque que le sol est parcouru de petits tremblements. À mesure qu'ils montent, les secousses augmentent.

– Heu… Sod? La montagne… On dirait… on dirait qu'elle nous sent, fait remarquer Chlore avec une note anxieuse dans la voix.

Un grondement sourd se fait entendre, suivi d'un bruit de roulement.

– C'est quoi ça? On ferait mieux de redescendre, je n'aime pas ça du tout.

– Tu ferais mieux de garder ton souffle pour monter au lieu de dire des bêtises. Et marche sur la pointe des orteils, si tu en es capable.

La petite guenon fait sa courageuse, mais elle sent aussi les réactions bizarres de la montagne que leur présence semble irriter. À quelques reprises, les secousses deviennent si violentes que Sod en perd presque l'équilibre. Rien de très rassurant, à vrai dire…

À mi-hauteur, la pente s'accentue et le sentier noir disparaît. Le groupe se disperse sur les flancs de la montagne. La progression devient lente et laborieuse. Hydro doit utiliser ses mains pour grimper et se blesse sur les arêtes coupantes des roches.

– À côté d'ici, les Badlands ressemblent à des collines accueillantes, grommelle Oxy.

Comme pour lui répondre, d'inquiétants grondements et craquements se font entendre de nouveau. Instinctivement, Azote relève la tête juste à temps pour voir arriver sur eux un énorme rocher dévalant la côte à toute allure.

– Attention devant ! hurle-t-elle.

Chacun tente de dégager le passage le plus vite possible. Dans l'agitation, Oxy trébuche à cause de ses sabots peu adaptés à la course à flanc de montagne. Azote l'aide à se relever. Le rocher roule vers eux comme s'il les visait.

À la dernière seconde, alors qu'il sent contre lui le frôlement de la masse rocheuse, Oxy bondit et plonge sur le côté. Il termine sa chute au fond d'un petit ravin et constate, soulagé, qu'ils sont tous sains et saufs.

– Nous l'avons échappé belle !

À peine a-t-il prononcé ces paroles qu'un nouveau danger surgit. En atterrissant brusquement au fond du ravin, ils ont provoqué une réaction en chaîne… Les miniAtomix sont maintenant entraînés dans un flot de roches roulant dangereusement les unes sur les autres, broyant tout sur leur passage.

Oxy et Azote trouvent refuge dans une petite cavité. Plus bas, Chlore cours à perdre haleine devant l'éboulis qui gagne du terrain, alors que Sod suit agilement les mouvements d'un gros rocher qui roule sur lui-même.

– Ne reste pas devant, Chlore, lui crie la petite guenon. Dès que tu peux, tourne.

Volant au-dessus de la mêlée, Héli tente d'aider du mieux qu'elle peut. Elle indique à Antimoine et à Cal l'emplacement d'un abri qu'elle a repéré.

Quand les roches cessent enfin leur danse infernale et retrouvent un semblant d'équilibre, Hydro sort de sa cachette… Surtout, aucun geste brusque… pas question de déranger à nouveaux les roches mouvantes. Avec bonheur, il voit Oxy et Azote sortir de leur trou. Il note que Chlore a réussi à éviter l'écrasement. Plus bas, Antimoine et Cal refont aussi surface…

– Mag! Mag!

La voix de Cal lui fait comprendre que quelque chose ne va pas: Mag manque à l'appel.

Hydro n'a pas le temps de réagir…

– La lave! lance Héli qui, du haut des airs, voit arriver la masse bouillonnante.

La coulée de roche en fusion envahit rapidement le petit ravin en couvrant tout sur son passage. Ils n'ont aucune chance.

Hydro, les yeux fermés, le cœur battant la chamade, s'attend au pire… Puis, juste comme la lave arrive à sa hauteur, touche presque ses pieds, la roche se fige.

Les cris de Cal qui continuent de déchirer l'air le ramènent brusquement à la réalité.

– Mag! Mag!

Le chat jaune cherche désespérément la panthère noire ensevelie quelque part sous les pierres capricieuses et, qui sait, peut-être aussi sous la coulée de lave durcie…

– Mag!

MMMMMMMMMMMMMMMMMMMMM

L'émotion est si forte qu'elle ramène Charly dans la réalité du Macro-monde.

– Mag! bafouille-t-il encore sous le choc.

Les enfants parlent tous en même temps et s'agglutinent autour de Magalie pour lui demander où elle se trouve.

– Je ne sais pas… Je… J'ai en quelque sorte perdu le contact.

*

Le soir même, comme pour faire reflet au Mini-monde, Magalie se retrouve en bien mauvaise posture…

– Magalie ? Magalie ? Qu'y a-t-il ?

– Pas moyen de sortir de là, je… je suis bloquée.

– Où es-tu ?

– Je suis ici, Charly. De l'autre côté de cette paroi de métal.

Charly entend les coups que donne sa sœur en frappant sur la plaque de métal.

– Pas moyen de sortir d'ici. L'ordinateur a raté sa transformation… un bris mécanique probablement. Je suis piégée.

La petite fille explore l'endroit exigu dans lequel elle se trouve prisonnière. À peine assez haut pour qu'elle puisse tenir debout. Elle introduit ses doigts dans une fente et tire de toutes ses forces. La plaque de métal bouge un peu.

– Charly, ça bouge. Vois-tu le bout de mes doigts ?

– Oui.

– Alors, tire vers le haut en même temps que moi.

Mais ils ont beau faire, ils n'arrivent à soulever la paroi que de quelques millimètres. Dès qu'ils relâchent leurs efforts, elle revient à sa position initiale.

– C'est trop lourd, nous n'y arriverons pas comme ça.

– On n'a plus qu'à attendre que l'ordinateur effectue les réparations.

– Tu n'y penses pas. Ça pourrait prendre des heures… Je vais chercher du secours.

– Non, ne fais pas ça, nous allons être découverts… Charly, attends. Charly ?

Mais le garçon n'est plus là. Inquiet pour sa sœur, Charly a déjà pris le chemin du retour et, comme un polichinelle surgissant d'une boîte à surprises, il débouche sur la rue, juste devant Nadine, ébahie.

– Charly ? Heu… Quelle bonne surprise !

– Nadine, comme je suis content de te voir !

– Je ne m'attendais pas à…

Il ne lui laisse pas le temps de finir. Au comble de l'énervement, il lui explique qu'il a absolument besoin d'elle pour libérer Magalie…

Pendant qu'il parle, un camion-robot arrive et s'installe le long de l'édifice.

– Viens, suis-moi. On va profiter de cette livraison. Je vais t'expliquer en chemin.

Un bras mécanique sort du camion-robot et compose un code sur le clavier situé sur le mur extérieur de l'édifice. Une ouverture apparaît et permet ensuite à un tapis roulant d'acheminer les boîtes de marchandises sortant du camion, directement à l'intérieur de l'édifice.

– Fais comme moi. Il n'y a rien à craindre.

Charly se faufile habilement entre deux boîtes et se fait tout petit en se recroquevillant pour passer par l'ouverture à l'intérieur de l'édifice.

Nadine comprend enfin les mystérieuses disparitions : les jumeaux se volatilisent par les bouches de livraison. Que va-t-elle découvrir derrière cette petite porte ?

– Vite Nadine, dépêche-toi. Le camion va repartir.

La petite fille hésite une fraction de seconde puis, poussée par la curiosité, elle s'installe à son tour sur le tapis roulant. Elle est aspirée par l'ouverture et découvre avec émerveillement le royaume des ordinateurs domestiques. L'intérieur entre les murs est creux et contient un espace étroit encombré de mille objets : meubles pliés, boîtes de toutes formes, fils, tuyaux, monte-charge, convoyeurs, détecteurs, outils articulés par des bras mécaniques…

Pour ne pas gêner, Nadine s'accroche à une des parois de l'entre-murs. Les boîtes fraîchement livrées sont ouvertes à l'aide de couteaux mécaniques et les objets qu'ils contiennent – boîtes de conserve, jambons, oranges, laitues, pantalons – sont délicatement placés dans les compartiments d'un petit ascenseur qui les achemine au fur et à mesure aux différents appartements.

Elle rejoint Charly qui progresse avec agilité en se contorsionnant entre les tiges de métal, chenillettes et roues d'engrenage bien huilées. Il escalade les étages en prenant appui sur les différents objets savamment empilés, imbriqués les uns dans les autres, en attente d'être utilisés dans une transformation.

– C'est bientôt l'heure du repas, il faut faire gaffe, tout va se mettre en branle. Montons, vite !

L'escalade se poursuit sans encombre jusqu'à l'étage où Magalie est retenue prisonnière.

– Magalie, est-ce que tout va bien ? Es-tu là ?

– Où veux-tu que je sois ?

– On va te tirer de là.

– Qui ça *on* ?

– Nadine et moi.

Munis d'une longue tige de métal qu'ils utilisent comme levier, Charly et Nadine coordonnent leurs efforts et han ! han ! han ! réussissent à soulever la plaque suffisamment pour permettre enfin le passage de Magalie.

– Ah, quel bonheur d'être libre !

Sur le chemin du retour, un ronronnement inquiétant se répand un peu partout dans les murs.

– À table ! annonce Charly sur un ton blagueur. Cramponne-toi de ce côté-ci Nadine.

La petite fille n'a que le temps d'obéir : autour d'elle, les objets s'animent, le mur d'un appartement bascule et, dans un ballet mécanique orchestré au quart de poil, sofa, tapis, téléviseur du salon prennent le chemin du rangement et sont aussitôt remplacés par table, chaises et plats fumants pour deux personnes.

Les trois enfants parviennent à une porte de sortie que Magalie ouvre sans peine après avoir manipulé quelques boutons dans la boîte de contrôle.

– Toujours plus facile de sortir que d'entrer ; il n'y a pas de sécurité, explique-t-elle avant d'être éjectée dehors.

Étourdie par cette aventure aussi inattendue qu'incroyable, Nadine bondit sur le trottoir à son tour, heureuse d'avoir enfin compris le mystère des jumeaux.

– Merci pour ton aide, Nadine…

– … on te revaudra ça.

– Je peux poser une question… Que fabriquiez-vous, au juste, dans ce trou à rat ?

Les jumeaux se lancent des regards complices, hésitent un moment avant de répondre.

– Heu… rien de spécial…

– … on fait ça pour le sport.

– Le sport ?

– Escalade sur paroi changeante avec contraintes extrêmes.

– Et les ordinateurs ne vous dénoncent pas ?

– Bah, on a nos petits trucs…

Après le repas du soir, alors qu'Éli fait ses devoirs dans sa chambre, Martin Ω Ohms sonne à la porte des Berzélium. Que vient donc faire l'inspecteur chez eux si tard ? Curieuse, Éli garde la porte de sa chambre entrouverte pour suivre la conversation. L'inspecteur raconte souvent des histoires tellement surprenantes. Mais, cette fois-ci, Éli comprend avec étonnement qu'il parle… du parc-bulle.

– Nous avons creusé sous l'ancien parc et, effectivement, nous avons découvert les ruines d'une ancienne station de métro, explique-t-il.

– Les enfants avaient donc raison !

– En partie, oui… sauf que nous avons exploré toutes les galeries et…

– Et quoi ?

– À part de la poussière et des toiles d'araignée, nous n'avons rien trouvé. Aucune trace d'entrepôt ni de contenants d'aucune sorte.

– Et les rats géants ?

– Des rats de taille normale tout simplement… Mais, vous le savez mieux que moi, les enfants ont beaucoup d'imagination et, quand on n'a jamais vu un rat… eh bien, il semble énorme.

– Désolé de t'avoir dérangé inutilement, Martin. Merci beaucoup pour la peine.

– Ce n'est rien, voyons.

Éli, qui n'a pas l'intention d'en rester là, descend les marches quatre par quatre et arrive essoufflée dans le salon.

– Attendez, Monsieur Ohms ! Il y a une autre hypothèse.

– Bonjour Éli !

– Oh, Éli ! Tu as écouté la conversation. Ce n'est pas bien…

Mais l'inspecteur coupe court aux reproches et encourage Éli à s'expliquer.

– Ah oui ? Je serais curieux de la connaître.

– Quelqu'un a peut-être fait disparaître toutes les traces.

– Ah bon ? Et pourquoi donc ?

– Pour que vous ne les découvriez pas.

– Comme ça, par hasard, juste avant qu'on ne commence les fouilles ? Quelle coïncidence !

– Heu…

– Avoue que ton hypothèse semble un peu tirée par les cheveux.

Irritée par la résistance de l'inspecteur Ohms, Éli prend congé et retourne dans sa chambre.

– Bonsoir, Monsieur Ohms…

Mais, avant de fermer sa porte, elle ajoute, comme pour lancer un défi :

– Vous vous croyez malins peut-être, vous, les adultes, mais malgré tous vos systèmes de contrôle ultramodernes, certains enfants sont capables d'utiliser la piste antigravité des adultes.

Estomaqué, Martin Ω Ohms jette un regard surpris à Thor, le père d'Éli.

– Mais c'est absolument impossible !

Chapitre 7

Délices de laves

Ce matin, Coralie fait fureur en arrivant à l'école. Elle porte, par-dessus ses vêtements, un bustier transparent dans lequel grouillent des milliers de fourmis. Emprisonnés entre les parois de plastique, on peut voir les insectes circuler dans des couloirs translucides.

– Pouah ! Tu as des fourmis dans le dos… moi, ça me donnerait des frissons.

– Es-tu certaine qu'elles ne peuvent pas sortir ?

– Comment fais-tu pour les nourrir ?

– Je n'ai rien à faire. Elles se nourrissent à mesure qu'elles creusent dans le gel à base d'algues.

Madame Rachel est immédiatement attirée par la splendide fourmilière.

– Comme c'est joli ce que tu portes !

– Merci, Madame Rachel.

– Dis donc, Coralie, j'aimerais bien savoir si la reine des fourmis a besoin de…

L'enseignante, bien plus curieuse encore que tous les enfants réunis autour d'eux, commence alors à poser mille questions.

Quand tout le monde a gagné sa classe, madame Rachel est encore si absorbée dans ses pensées qu'elle en oublie de commencer la leçon.

– Est-ce que c'est une période libre, Madame ?

La question de Nazora ramène l'enseignante à la réalité.

– Heu… non, non. Nous allons réviser quelques notions de fourmis… heu… de chimie plutôt.

Durant la récréation, les premiers matchs du tournoi de ballon-ice sont organisés. Toutes les équipes s'affrontent deux à deux en quart de finale. Malgré les efforts d'Éli, les MéTa éliminent en un tournemain l'équipe des HéLa, presque uniquement composée des surdoués de l'école.

Les AlCa gagnent de justesse contre les terrifiants TéRa, pour lesquels jouent les jumeaux. Préoccupés par le drame qu'ils vivent dans le Mini-monde, Charly et Magalie n'arrivent pas à se concentrer sur le jeu.

L'équipe d'Olivier se qualifie pour les demi-finales en l'emportant contre les CarBa.

Deux équipes s'affrontent encore, les GéNa contre les ZaNa. En plein milieu du match, Flo fait une passe à Claude. Malhabile, le garçon effectue une pirouette sur lui-même et, sans chercher à viser, lance avec enthousiasme le ballon en direction de l'équipe adverse. Surprise par ce tir inattendu, Sabine recule en courant, entre en collision avec Nazora debout derrière elle et tombe. Elle demeure au sol et se tient la cheville en grimaçant…

– Arrêtez, je me suis fait mal.

Confus, Claude se précipite pour l'aider à se relever.

– Excuse-moi !

Comme la blessure est superficielle, le jeu reprend tandis que Sabine s'éloigne en boitillant. Malgré tout, leur équipe l'emporte.

Avec cette agitation autour du tournoi, et au grand désespoir de Charly qui se fait un sang d'encre pour Mag la panthère, il ne reste plus assez de temps pour repartir pour le Mini-monde…

Ils ne peuvent se réunir à nouveau que durant la récréation de l'après-midi. Impatients à l'extrême, Charly et Magalie *pouffent* en premier.

MMMMMMMMMMMMMMMMMMMM

– Mag ! Mag !

Cal fouille chaque creux et soulève les roches en s'écorchant le bout des pattes sur les arêtes coupantes sans y porter attention.

– Sois prudent ! Il peut y avoir d'autres glissements de roches…

Héli du haut des airs et Sod bondissant en souplesse au sol quadrillent le territoire systématiquement.

La petite guenon entend la première les appels de détresse de Mag. « Au secours ! » Une voix faible et lointaine monte à travers les roches.

– Oh… Elle est ici ! Je l'ai trouvée !

Dans sa malchance, Mag a eu la chance de se retrouver coincée dans une petite cavité protectrice qui s'est formée autour d'elle. Un cocon de granit enfoui sous plusieurs épaisseurs de roches.

Cal organise les secours. Ils enlèvent les roches une à une et utilisent des morceaux de bois pour prévenir les éboulis. Après un travail patient et acharné, ils parviennent à dégager la panthère qui n'a pas une seule égratignure.

– La montagne est piégée. Il faudra redoubler de prudence.

Tous leurs sens en alerte, les miniAtomix quittent sans regret les roches mouvantes et continuent l'ascension de la montagne de Feu en se suivant à la file indienne.

*

– C'est bien beau, mais jusqu'où doit-on monter comme ça ? s'impatiente Chlore à bout de souffle après avoir grimpé une bonne partie de la journée.

– Heu… encore un peu plus haut. Le maître d'Octet de la montagne de Feu doit être quelque part par là, répond Hydro, évasif.

– Mais où ? insistent en chœur Chlore, Antimoine et Oxy.

– Je ne sais pas, moi… Il faut chercher.

– Avec tous les pièges qu'on rencontre, on dirait qu'il n'a pas trop envie qu'on le trouve, ton maître d'Octet, souligne Sod.

La réponse leur vient de Mag et Cal, qui ont l'habitude des endroits insolites et qui scrutent attentivement les parages.

– La cachette idéale…

– … est toujours l'endroit le plus inaccessible, termine Mag.

Les félins ont leur petite idée. Ils ont repéré un trou situé presque au sommet de la montagne et duquel s'échappe une fumée blanche.

– Mais comment allons-nous grimper jusque là-haut ? demande Antimoine en regardant la paroi verticale impossible à franchir.

– En s'attachant les uns aux autres. Vous n'aurez qu'à nous suivre, fait savoir Cal en commençant à se préparer pour la montée.

Cal et Mag, doués pour l'escalade, ouvrent le chemin et installent dans les secteurs difficiles des appuis et des pitons pour aider les suivants. Écrasé contre la roche et tremblant de peur, Chlore reste bloqué à plusieurs reprises, incapable ni de monter ni de descendre. Chaque fois, il faut toute la patience d'Héli pour arriver à le faire bouger.

– J'ai le vertige.

– Ne regarde pas en bas. Étends la patte vers la droite, il y a un piton un peu plus haut. Voilà, tu y es ! Maintenant, lève ta patte droite… Non, l'autre !

Durant toute la montée, la petite fée vole autour de l'éléphant, l'encourage et l'aide à trouver des prises.

Cal atteint enfin le haut de l'escarpement d'où s'échappe la fumée. Il installe solidement la corde sur le dernier piton, puis passe prudemment la tête pour repérer les lieux : une grotte… qui ressemble à une cuisine avec de grandes cuvettes desquelles s'échappent des vapeurs étranges.

Soudain, surgissant de derrière un grand four, un dragon terrifiant s'avance vers lui en crachant du feu et en expulsant bruyamment de la fumée par ses naseaux.

– Heu… bonjour… nous sommes venus en amis, risque timidement Cal, qui se voit déjà transformé en grillade.

– C'est justement pour ça que je vous souhaite la bienvenue, ciel de tonnerre ! Néon pour vous servir. Entrez et faites comme chez vous. Et les petits, derrière, ne restez pas suspendus au bout de votre fil comme des araignées… Montez !

En crachant joyeusement du feu, le dragon examine un à un ses invités à mesure qu'ils franchissent le bord de la falaise.

– Oh, magnifique, il y en a deux ! s'exclame Néon.

Azote se demande à quoi le dragon fait référence, mais n'ose pas lui demander.

– Qu'est-ce qui vous amène si nombreux au sommet de la montagne de Feu ? s'informe le dragon en laissant échapper un petit nuage de fumée quand ils sont tous dans la grotte.

Avec hésitation, Hydro prend la parole.

– C'est que… heu… nous cherchons les maîtres d'Octet.

– Que leur voulez-vous, aux maîtres d'Octet ?

Sans trop savoir comment s'y prendre, le miniAtomix bafouille.

– Nous voulons savoir… enfin, connaître leur *savoir*. Autrement dit leur secret…

– Ah, je vois ! Vous êtes comme les autres, vous voulez me soutirer le secret de mes laves… Ça, jamais !

D'après la réaction indignée du dragon, il est clair qu'ils viennent de trouver un maître d'Octet.

– Vos laves ?

– Ne faites pas l'innocent. J'ai passé des années, penché sur mes fours, à expérimenter des mélanges de laves à saveurs minérales, et vous croyez que je vais donner mes secrets au premier blanc-bec venu !

Chlore s'approche, intéressé. Néon prend sur l'étagère un pot qui contient des roches concassées. Il retire le couvercle, verse quelques cristaux transparents dans le creux de sa main et les saupoudre sur la lave qui mijote dans les grandes cuvettes.

– …Je termine justement cette cuisson. Voici la spécialité de la semaine, une lave au quartz : divine et suave. Dans une cuvette plus loin bouillonne une lave moitié granit, moitié malachite avec un petit filon aurifère. Mmmm, un délice pour le palais ! Vous voulez goûter ? Allez-y, ne vous gênez pas. Les laves se dégustent bien chaudes... Mais n'allez surtout pas croire que je vais livrer mes secrets. Oh non!

L'eau à la bouche et complètement remis de ses émotions d'escalade, Chlore regarde avec envie Néon plonger un long silex dans la lave en fusion puis le porter à ses lèvres en gloussant de plaisir. Miam, la lave, avec ses gros bouillons explosant en surface, a l'air si appétissante!

– Mais, pour les réussir, petit mini curieux, il ne suffit pas de savoir comment faire, poursuit le dragon. Il faut aussi cuisiner avec amour.

Hydro se demande si les recettes du dragon gourmand sont vraiment utiles pour combattre les métaAtomix, mais avant qu'il ne puisse dire quoi que ce soit, Héli prend la parole:

– Vous êtes le premier maître d'Octet que je rencontre, et je me demandais comment vous... heu... je veux dire, qu'avez-vous de si particulier pour être un maître d'Octet?

– Moi? Rien du tout, à vrai dire. À part, la présence de huit électrons sur ma deuxième couche atomique, ce qui me rend inapte aux alliances. On affiche complet, quoi! Je suis aussi le trésorier de la deuxième famille. Voulez-vous voir?

En parlant, Néon sort un album et commente en détail chaque portrait qui s'y trouve. Les miniAtomix se bousculent autour de lui pour voir.

– Hé mais, c'est moi là, s'étonne Oxy en désignant un portrait sur lequel on le voit courir la crinière au vent.

– Oui, les centaures appartiennent à notre famille.

– Regardez, là, on dirait Tête-de-serpents, fait remarquer Sod.

– Qui ça? demande Azote.

Troublée, la méduse jette un coup d'œil sur les illustrations et se reconnaît sans peine. Azote sait depuis longtemps qu'elle fait partie de la deuxième famille, mais elle n'a jamais songé sérieusement à ce que cela voulait dire vraiment. La méduse n'a pas non plus imaginé qu'un gros dragon gourmand puisse être *son* maître d'Octet…

En plus de Néon lui-même, elle reconnaît sur les images Lithium la licorne et Fluor le petit fantôme du village des Frontaliers du sud. D'autres miniAtomix qu'elle n'a jamais rencontrés font également partie de la famille du dragon.

– La gravure sur lave solidifiée est un de mes passe-temps favoris. J'ai des centaines de portraits si vous ça vous intéresse, ajoute le dragon en sortant une boîte pleine.

Il en choisit une série et la tend à Héli.

– Voilà pour la petite fée curieuse. Tu peux les garder en souvenir.

Ravie, Héli accepte le cadeau et range précieusement les huit petits portraits dans un sac.

– J'ai aussi composé une petite chanson pour la famille, leur explique Néon. Voulez-vous l'entendre ?

Sans attendre la réponse, le dragon prend une pose théâtrale, inspire fortement et commence à chanter avec cœur en postillonnant quelques flammèches.

– « *__Li__li __be__rça __b__ébé __c__hez __n__otre __o__ncle __F__ernand __Ne__stooor* »

Il répète la même phrase plusieurs fois en bêlant différentes mélodies. Pour l'encourager, ses dix électrons exécutent une petite danse. Mais, devant le manque total d'enthousiasme de son auditoire, Néon finit par se taire et leur explique l'astuce :

– Les premières lettres de chaque mot… Elles représentent les symboles de la famille : Li, Be, B, C, N, O, F, et finalement moi-même, Ne. Nous sommes tous là, du plus petit au plus grand.

Malgré lui, Oxy fredonne la chansonnette. Il s'agit d'une de ces ritournelles diaboliques qui peut trotter dans la tête durant des jours.

Hydro s'impatiente de plus en plus. Avec les simagrées d'Oxy, ils n'arriveront jamais au bout de leur quête insensée. Il donne des coups de coude au centaure pour le faire taire, puis fait des signes à Héli pour attirer son attention. Mais, pour l'instant, elle semble plus intéressée par l'album de famille que par le *savoir.*

– Excusez-moi, maître, crie-t-il au-dessus de la mêlée pour se faire entendre, pour produire vos laves, vous avez besoin d'énergie, n'est-ce pas?

– Oui, bien sûr.

« Nous y voilà, se dit Hydro avec excitation, le maître allait enfin révéler son vrai pouvoir. »

– J'utilise le feu; celui qui gronde, qui réchauffe, qui transforme la matière… une source d'énergie terrifiante.

Dans la pochette, Mouch absorbé par la lecture du grimoire, est ramené à la réalité par les paroles du maître d'Octet.

« *Nous y voilà!* », se dit l'électron avec excitation.

Néon vient juste de dire: « Le feu qui chauffe, le feu qui transforme la matière… » Le vieux grimoire parle d'un « bout de chaleur d'enfer transformant la matière ». Et si cet ingrédient, ce « bout de chaleur », c'était justement le feu?! Bien sûr… Le feu du dragon.

Néon se penche, ouvre les grands panneaux sous une cuvette de lave et annonce avec fierté:

– Voici le four.

Aussitôt, la grotte se remplit d'une chaleur torride. Devant eux, un feu impressionnant crépite, gronde, fait rage. Quelle force !

– La lave en fusion monte de la croûte du Mini-monde par le centre de la montagne et, quand elle commence à refroidir légèrement, elle redescend vers le magma. J'ai installé ce feu d'appoint pour garder la lave à la température désirée.

Depuis leur arrivée, les électrons sont libres d'aller et de venir dans la grotte. Mouch sait ce qu'il lui reste à faire. Il prépare son matériel et sort sans que personne ne le remarque. Antimoine, Hydro et Azote écoutent les explications techniques données par Néon, tandis que les autres miniAtomix fouillent dans le tas de portraits de famille.

– Ho ! Regarde celle-là, Azote avec un serpent dans l'oreille.

Muni de gants isolants et d'une visière protectrice, Mouch s'avance courageusement vers le feu en tenant dans sa main une toute petite fiole de verre aux parois très épaisses. La chaleur devient si insupportable qu'il doit reculer précipitamment, car ses ailes fragiles commencent à brûler.

Mais Mouch n'a pas le choix. Bravement, il s'avance à nouveau en repliant ses ailes le plus possible dans son dos. Tant pis si les bouts roussissent… L'électron étend le bras et, à l'aide d'une longue pince, il tente d'attraper le bout d'une flamme. Celle-ci danse et bouge sans arrêt, insaisissable. Mouch doit s'approcher encore plus…

Suivant docilement les quatre métaAtomix qui ont confisqué sa cage à électrons, Ura traverse le Pays de Möle, puis les carbotubes avant de se retrouver en plein cœur de la Zone.

Les métaAtomix l'enferment dans une é-mobile, puis se dirigent vers le nord.

– Où allons-nous ? demande-t-il alors qu'ils foncent sur la Bong ! à pleine vitesse.

Mais personne ne daigne répondre. Quand le véhicule s'immobilise enfin, Ura aperçoit une étrange construction entourée de longs tubes qui se perdent à l'horizon.

– Ah !… Ainsi donc, il a commencé, murmure-t-il pour lui-même.

– Commencé quoi ? demande Zirconium, assise à ses côtés.

– À explorer l'énergie des atomes.

Mais l'araignée ne semble rien comprendre à ce que raconte le vieux radioAtomix.

Ura est emmené dans une salle dont les murs sont couverts de cadrans et de jauges. Au centre, installé sur un grand fauteuil imposant, Technétium trône. Dans un bourdonnement sourd, les électrons du scorpion s'affairent sur les commandes.

– Ainsi donc, voici le fameux Uranium! l'accueille le scorpion sur un ton railleur.

– Et vous, l'apprenti sorcier! répond Ura du tac au tac en désignant la construction autour de lui. La puissance du nucléaire… une bien grande tentation, n'est-ce pas? Qu'allez-vous faire de toute cette énergie?

– Transformer le Mini-monde, s'emporte Technétium avec fougue, le dard menaçant pointé vers le radioAtomix. Donner à tous le confort, les moyens de goûter à toutes les saveurs de capsules d'énergie, de…

– Est-ce bien nécessaire? l'interrompt le radioAtomix. Il y a toujours un prix à payer: ce qu'on gagne ici, on le perd là.

– Le trajet que vous mettez trois jours à parcourir péniblement, on pourra bientôt le faire en quelques instants.

– Et alors, quel est l'intérêt? Une marche de trois jours dans le Mini-monde permet de voir bien plus de choses qu'un trajet d'une fraction de seconde.

– Si vous vous entêtez dans votre petite vie tranquille, c'est votre affaire. Mais laissez les autres décider pour eux-mêmes… Parlons plutôt de ce qui vous amène ici.

En discutant, le scorpion s'est approché du radioAtomix. Ses électrons ont cessé leur activité et se sont placés en position de combat de chaque côté de lui.

– Qu'attendez-vous de moi ?

– L'élixir.

– Quel élixir ?

– Ne jouez pas au plus malin avec moi. Je sais que vous détenez la recette de l'élixir d'invincibilité…

– Ho, ho, ho ! Ne me dites pas que vous croyez à cette fable de miniAtomix.

« *Prêts pour l'attaque !* », ordonne Technétium à ses électrons par des froncements de sourcil presque imperceptibles.

– Attention, je suis radioactif !

– Et alors ? Moi aussi !

« *Allez-y !* »

Les quarante-trois métaélectrons du scorpion se mettent en mouvement et d'un seul bloc avancent avec détermination vers la pochette d'Ura.

– Vous avez intérêt à collaborer.

Le vieux radioAtomix ouvre la porte de la cage à homard que l'araignée lui a remise à son arrivée. À l'intérieur, Maradano et ses frères bouchent l'entrée, fermement décidés à résister.

– Allons, les petits, il ne s'agit que d'une visite de courtoisie. Montrez-leur que vous savez recevoir.

« Fouillez tout ! »

Les métaélectrons entrent et commencent à ouvrir systématiquement chaque tiroir, chaque armoire, regardent dans les alvéoles l'une après l'autre, épluchent chaque livre de la bibliothèque… aucune trace du grimoire. Ils reviennent bredouilles auprès de Technétium.

– À ce qu'il semble, le grimoire n'est pas sur vous. Mais je suis convaincu que vous savez où le trouver.

– C'est vous qui le dites…

En vérité, Technétium a tout à fait raison : le vieil Ura sait parfaitement où se trouve le grimoire. Cependant, quoi qu'il advienne, il est fermement décidé à rester muet comme une carpe. Il doit s'en tenir au plan…

– Je connais un moyen très efficace pour délier les langues rebelles… L'Accélérotron, ça vous dit quelque chose ? Assez discuté, emparez-vous d'un de ses électrons.

– Il n'en est pas question, je ne laisserai personne toucher à mes petits.

– Très bien, je les prends tous alors.

« Position d'attaque ! »

Au moment où les métaélectrons se mettent en branle, Maradano sort par la petite porte et vole en direction de Technétium. Afin d'épargner ses frères, l'électron d'Ura a décidé de se porter volontaire.

– Noooon, reviens !

– En voilà au moins un raisonnable, se réjouit le scorpion. Enfermez-le dans l'Accélérotron.

Il s'agit d'une gigantesque installation qui parcourt la moitié du territoire nord de la Zone. C'est en fait d'un long tunnel en forme d'anneau dans lequel les électrons sont propulsés à des vitesses vertigineuses grâce à un puissant champ magnétique.

Maradano est immédiatement enfermé dans un des longs tubes vides.

– Attendez ! J'irai à sa place.

– Oh ! mais ne soyez pas si pressé, vous irez aussi. Vous retrouverez votre cher petit, bien plus vite que vous ne le pensez… dans une rencontre pour le moins… heu, percutante. Ha, ha ! Démarrez l'appareil ! lance-t-il à ses électrons. À moins que vous ne soyez disposé à parler ? demande-t-il en se tournant vers Ura.

Les électrons de Technétium s'affairent sur plusieurs panneaux de contrôle. Une note de plus en plus aiguë se fait entendre à mesure que les aimants géants de l'appareil se mettent en branle. Maradano flotte dans le champ magnétique créé par les aimants, puis commence à tourner dans l'anneau. De plus en plus vite, comme dans un supermanège. La vitesse chatouille l'électron sportif.

– Il rigole, ma parole ! Accélérez la cadence.

– Je vois où vous voulez en venir… Créer des collisions à très haute vitesse et faire éclater la matière – moi, en l'occurrence – pour récupérer l'énergie… mais êtes-vous certain de réussir à garder le contrôle ? Rappelez-vous les carbotubes… Une expérience prétendument facile, mais avec laquelle vous avez complètement perdu le contrôle. À cause de vos tentatives d'amateur, la montagne Creuse continue de se creuser toute seule au moment même où on se parle. Si vous perdez le contrôle du nucléaire, vous n'imaginez pas… la Zone pourrait disparaître.

Technétium hésite. Et si le radioAtomix disait vrai ?…

*

En affrontant au péril de ses ailes la chaleur intense du feu, Mouch vient de réussir à capturer une petite flamme vive…

– Mouch ! Que fais-tu là, petit malheureux ?

Surpris par les cris stridents d'Hydro, l'électron sursaute et échappe fiole et pinces. La flamme s'éteint. Le miniAtomix attrape prestement l'électron qui se débat comme un diable et l'enferme sans ménagement dans sa pochette.

– Toujours fourré là où il ne faut pas !

Mouch proteste avec énergie ; il doit se procurer le premier ingrédient. ABSOLUMENT !

Antimoine, qui a suivi toute la scène, ramasse sans être vue les petites pinces et la minuscule fiole. Il ne fait aucun doute que le petit électron tentait d'y emprisonner du feu... Elle pourrait l'aider et s'en faire ainsi un ami. Après tout, le petit détient le secret de ce fameux élixir d'invincibilité...

En utilisant les petites pinces pour déboucher le flacon et sans être vue des autres, la pieuvre attrape un bout de flamme et l'enferme rapidement. Comme par magie, dès qu'elle referme la fiole, la flamme se fige dans son ardeur tout en gardant sa luminosité, sa force et sa beauté.

Pendant ce temps, les miniAtomix se préparent à faire leurs adieux, mais Néon s'y objecte énergiquement :

– Il n'est pas question que vous redescendiez dans le noir. Même moi, je n'oserais pas m'y risquer avec les pièges que j'ai installés. Vous allez passer la nuit ici, déclare Néon avec autorité. D'ailleurs, installez-vous. J'aimerais vous montrer quelque chose…

Néon se place dans l'ouverture de la grotte et, tout en crachant du feu, il projette dans l'air enflammé, avec des grands gestes de semeurs d'étoiles, de la poussière de minéraux qui explose en feux d'artifice.

– Ohhhhh !

Malgré l'heure tardive, tous les électrons – même ceux d'Azote, habituellement si autoritaire – ont la permission d'assister au spectacle. Mouch ne s'y intéresse pas du tout, il cherche désespérément un moyen pour atteindre le feu, mais les lourdes portes du four sont maintenant refermées.

Antimoine en profite pour se rapprocher de lui discrètement et lui tend la fiole contenant la flamme figée. L'électron n'en croit pas ses yeux : le premier ingrédient ! Il adresse un sourire radieux à la pieuvre et regagne aussitôt sa pochette en admirant, ébloui, la petite flamme orange et bleue, parfaitement immobile.

Plus tard, Oxy s'endort en fredonnant malgré lui la chanson de sa famille : « Lili berçaaaaaa bébé chez nooooootre oncle… »

MMMMMMMMMMMMMMMMMMMMMM

Ramenée dans le Macro-monde par la vibration annonçant la fin de la récréation, Sabine traverse aussitôt la cour en courant, impatiente de rentrer en classe pour écrire à Amélie.

– En tout cas, Sabine n'a plus l'air d'avoir mal à la cheville, fait remarquer Nazora. Bonne nouvelle, car nous aurons besoin de tous nos joueurs demain.

La capitaine des ZaNa n'oublie pas qu'ils doivent affronter en demi-finale la redoutable équipe des MéTa.

– « ...notre oncle Fernand Nestooor », chantonne Olivier à voix basse.

– Ah, non ! Tu ne vas pas commencer à nous casser les oreilles ici aussi, l'arrête Nadine avec agacement.

– Je n'y peux rien, cette chanson ne me sort pas de la tête. Sympathique, ce gros dragon, tout de même. « Lili berça bébé... »

Excédée, Nadine va rejoindre Tom qui se dirige vers la porte de l'école. Il est seul, ça tombe bien, car depuis le matin, elle cherche une occasion de lui parler en tête-à-tête.

– J'ai quelque chose d'important à te dire au sujet des jumeaux, annonce-t-elle d'une voie tremblante d'excitation.

– Ah oui, quoi ?

Mais Nadine, qui voit Éli venir dans leur direction, change brusquement d'idée.

– Oups ! Ça peut attendre… on s'en reparle. Bye !

– Qu'est-ce qu'elle voulait ? s'informe Éli.

– Aucune idée.

Le soir, après le travail, Fanny accompagne Actinia dans le seul magasin d'alimentation qui existe encore dans le quartier. La vieille dame aime bien, de temps en temps, faire son marché à l'ancienne. Ici, il n'y a aucun paquet criard ni boîte pleurnicharde.

– Il me faut du dentifrice pour Tek, fait remarquer la vieille dame en prenant une boîte sur l'étagère.

– Lequel as-tu choisi ? s'informe Fanny qui connaît la distraction de la vieille dame.

– Celui à la lime, le préféré de Tek.

– Mais c'est du savon à vaisselle ! s'étonne Fanny en regardant l'emballage.

– Tek n'est pas bien difficile… Il me rappelle tellement Jérôme !

Maintenant qu'Actinia mentionne son nom, Fanny remarque l'étrange ressemblance qui existe entre Tek et Jérôme…

– As-tu de ses nouvelles ?

– De Jérôme ? Très rarement. Tu sais à quel point il est occupé, toujours à voyager à gauche et à droite…

Quand les deux dames arrivent à la maison, Tek est installé devant son ordinateur.

– Pauvre petit ! Il travaille tellement fort dernièrement.

Effectivement, Tek a beaucoup à faire. En plus des devoirs habituels, il dévore des dizaines d'ouvrages trouvés dans les bibliothèques du monde entier. En effet, monsieur P lui a donné comme mission de tout apprendre sur l'énergie nucléaire. Bien qu'il ne l'ait jamais vu en personne, Tek est très dévoué envers ce monsieur P et il suit tous ses conseils touchant le Mini-monde. Sans lui, il n'aurait jamais possédé le précieux Cylindre d'or.

Tek détient un pouvoir qu'il est le seul enfant à posséder : quand il rejoint le Mini-monde, il conserve toute sa mémoire du Macro-monde. Ainsi, les connaissances fraîchement acquises, jumelées à celles de Technétium, leur ont permis à tous deux de construire l'Accélérotron. Et leurs projets ne s'arrêtent pas là…

Enfermé dans sa chambre, Tek relit pour la millième fois un des courriels de monsieur P :

> De : brlkbrlk@790714841020.02
> Envoyé : 4 janvier 2051
> TEK : Uranium, qui se cache au fond du Grand Lac à l'embouchure de la rivière Apprivoisée, possède un grimoire contenant la recette de l'élixir d'invincibilité. Tu dois absolument te le procurer.
> P

Aucun doute ne subsiste : Ura connaît bel et bien le secret de cet élixir. Il doit absolument le faire parler, car si, en plus de maîtriser l'énergie nucléaire, Technétium devient invincible, plus rien alors ne lui fera obstacle…

Chapitre 8

Mouch fait encore des bêtises

« Oh non, après la démolition du parc-bulle, voilà qu'ils s'en prennent à l'usine de biscuits ! », pense Tom en arrêtant de mâcher ces horribles céréales caoutchouteuses qui sont supposées l'aider à grandir plus vite.

Par la fenêtre, il assiste, désolé, au triste spectacle : pendue au bout d'une grue, une boule géante fracasse sans pitié les murs de briques rouges de l'édifice. Au sol, bulldozers et camions circulent dans de gros nuages de poussière rose et s'affairent à enlever les débris. L'usine de biscuits qui sentait si bon – parfois, le vieux directeur lui donnait des échantillons quand il revenait de l'école – disparaît en un clin d'œil.

– Maman !

Mais Fanny, qui écoute le bulletin de nouvelles du matin sur l'écran de la cuisine, lui fait un signe de la main. On parle justement de la démolition de l'usine. Un certain consortium aurait fait l'acquisition du terrain. Le journaliste mentionne… Chimnex.

HIMNEY

Dès qu'il arrive à l'école, Tom est accaparé par Nadine, totalement survoltée.

– Je peux enfin te parler seule à seul. Les jumeaux… tu ne sais pas ce que j'ai découvert !

– Quoi ? Tu as trouvé où ils habitent ?

– Non, mais je sais ce qu'ils font. Si tu veux le savoir, tu dois promettre de garder le secret.

– Heu… c'est que…

Mal à l'aise, Tom hésite en pensant à Éli.

– Alors, qu'est-ce que tu décides ? insiste Nadine, les yeux brillants d'impatience.

Il meurt d'envie de savoir, mais d'un autre côté il ne veut rien cacher à sa meilleure amie…

– D'accord, c'est promis ! laisse-t-il échapper entre ses lèvres en se sentant coupable l'instant d'après.

– Tiens-toi bien… Les jumeaux entrent dans les maisons par les bouches de livraison et se promènent ensuite dans les entre-murs.

– Quoi ?

Quelle idée ! Tom n'en revient pas. Avec emportement, Nadine commence à raconter son aventure par le menu détail, mais elle est presque aussitôt interrompue par l'arrivée d'Éli qui demande avec curiosité :

– Qu'est-ce qu'il y a ?

– Oh !… heu… on parlait de… la démolition de l'usine de biscuits.

La petite fille n'est pas dupe. Elle ressent un pincement au cœur: pour la première fois depuis qu'elle l'a rencontré, Tom lui cache quelque chose.

– Je ne sais pas ce qu'ils vont construire à la place, mais j'ai entendu dire que les terrains appartiennent à Chimnex, affirme le garçon sans se rendre compte de l'effet que cette révélation produit sur Éli.

Sous le choc, elle reste sans voix: encore Chimnex! Là où travaillent ses parents. Éli ressent immédiatement une grande honte, comme si elle était personnellement responsable de tout ce qui arrive à cause de cette compagnie. Décidément, la journée commence bien mal pour elle.

Quand ils rentrent en classe, madame Rachel a déjà déployé le grand tableau situé à l'avant et leur annonce, débordante d'enthousiasme:

– Aujourd'hui, nous allons «penser autrement».

– ...

– Faire un jeu-questionnaire, si vous préférez.

– Youpi!

– Va-t-on former des équipes?

– Est-ce qu'il y aura des prix?

– On gagne toujours à penser autrement.

En utilisant son clavier, madame Rachel écrit au tableau la phrase suivante :

« Une femme passe chaque matin devant un joueur de flûte. Alors qu'il n'est pas facile pour l'homme de remarquer la femme, celle-ci le remarque sans peine. »

– Voici la question : pourquoi n'est-il pas facile pour l'homme de remarquer la femme ?

Après un court moment de silence, les réponses commencent à fuser de toutes parts.

– Parce que l'homme est aveugle, avance Claude, très fier de son explication.

– Parce que la femme est invisible, propose Lili à son tour.

– Ou qu'elle est très petite…

– …microscopique même, s'aventurent les jumeaux.

Krypt suggère quant à lui que l'homme ne remarque pas facilement la femme, car elle passe toujours devant lui en même temps que des centaines d'autres personnes.

Pour son plus grand bonheur, madame Rachel constate que ses élèves n'éprouvent aucune difficulté à « penser autrement ».

Durant l'exercice, Éli ne desserre pas les dents. Elle ne répond pas non plus aux messages répétés que Tom lui envoie sur son CP. Absente à ce qui l'entoure, elle griffonne machinalement sur son calepin électronique et dessine, sans même en avoir conscience, des croquis de Tom.

À l'heure du dîner, Éli ne vient pas s'asseoir à sa place habituelle près de son ami. Elle tient plutôt compagnie à Claude, qui se montre ravi de l'attention qu'elle lui porte.

Plus tard, ne sachant pas trop comment s'y prendre pour ramener la paix, Tom l'aborde maladroitement.

– Heu… tu n'as pas répondu à mes messages ce matin… je…

– J'étais occupée.

– Nous allons dans le Mini-monde, est-ce que tu viens ?

– Manquerait plus que je sois exclue du Mini-monde !

Dans l'espoir de rétablir avec elle leur si précieuse complicité, Tom décide d'aborder un problème qui le préoccupe.

– Crois-tu que le feu représente le *savoir* de Néon ?

– C'est toi qui le sais.

Il n'insiste pas. Jamais elle ne lui a répondu si sèchement. En silence, ils rejoignent le reste du groupe et *pouffent* à nouveau dans l'aventure.

MMMMMMMMMMMMMMMMMMMM

Après une bonne nuit de sommeil, Hydro se sent d'attaque pour poursuivre ses recherches. Cependant, avant de partir, il est assailli par le doute : le feu représente-t-il vraiment le *savoir* détenu par le maître du deuxième Octet ? Et s'il se trompait ? Si le *savoir* dont avait parlé Ura se trouvait plutôt dans les recettes de laves du dragon ?

– Mettons-nous en route, ordonne Azote, qui a rassemblé ses sept électrons et se tient déjà debout près de l'entrée.

– Mais vous prendrez bien une petite lave à saveur de grenat avant de partir. Personne n'a goûté à mes laves.

– Heu… merci, sans façon. C'est gentil, mais nous devons partir.

– Il n'y a pas de presse… Je vais vous ramener en bas en quelques battements d'aile.

– Vous volez ? demande Héli en pensant immédiatement qu'avec le dragon, il serait facile d'aller jusqu'au village des électrons dissidents et de tous les ramener.

– Certainement, comme tous les dragons. Mais, à présent, avec ce surplus de poids et mes rhumatismes, je ne peux hélas voler que sur de très courtes distances.

La petite fée cache sa déception.

– Êtes-vous certain que ça ne vous dérange pas de nous ramener ? s'enquiert Azote, qui voit là un moyen sécuritaire de redescendre de cette montagne maléfique.

– Pas du tout. De toute façon, je dois faire le tour de mes pièges. Il me semble qu'ils ont perdu un peu d'ardeur. En tout cas, ils n'ont pas été très efficaces contre vous…

Ils s'entassent deux ou trois à la fois sur le dos de Néon qui plane ensuite en effectuant de grands cercles autour de la montagne jusqu'en bas. À cause de sa corpulence, Chlore a droit à un voyage spécial juste pour lui.

– Par où allez-vous continuer votre chemin à présent ? demande le dragon avant de regagner ses fours.

– On ne sait pas trop, avoue Hydro candidement. Comme nous visitons les maîtres d'Octet, nous avons pensé aller… heu, par là.

Le miniAtomix désigne un point vague en direction du nord.

– Vous devriez passer dire bonjour à Krypton. Il habite juste à côté d'ici sur le mont Nimbus. Mais rappelez-vous : attention aux pièges.

Comme ils ont à nouveau rejoint la rivière Apprivoisée, Antimoine et Chlore en profitent pour plonger avec plaisir dans l'eau fraîche.

Sachant que les félins détestent l'eau, Oxy fait le pitre en passant au grand galop devant eux pour les éclabousser.

– Tiens donc. C'est comme ça que tu surveilles les métas ?

Le centaure se fige, les sabots en l'air, au-dessus des flots. Il a reconnu la voix qui vient de l'apostropher…

– Co… Cobalt ? Mais que fais-tu ici ? Comment as-tu fait pour me… nous retrouver ? bafouille-t-il en rougissant de confusion.

– Je n'ai eu qu'à suivre les éclaboussures, répond-elle à la blague.

Cobalt explique au groupe qu'après le départ d'Oxy, Francium lui a conseillé de surveiller les carbotubes, puisque forcément les métaAtomix devraient repasser par-là pour regagner la Zone.

« Tu verras bien si ce fougueux centaure est encore sur leur trace. »

Francium avait eu raison, les métaAtomix étaient revenus. Mais pas d'Oxy à l'horizon.

– Inquiète, je suis partie à sa recherche. Des dompteurs de flots que j'ai croisés m'ont parlé d'un groupe de neuf miniAtomix qui remontait la rivière… J'ai tout de suite pensé qu'il s'agissait de vous. Et me voilà.

Oxy avait-il bien entendu? Cobalt s'était fait du souci pour lui… Wow!

– Les métaAtomix sont déjà repartis? Mais alors, que sont-ils venus faire au Pays? demande le centaure.

– Je ne sais pas. Quand ils sont repassés, ils n'étaient pas seuls, un vieillard les accompagnait.

– Un vieillard, dis-tu?

– Un radioAtomix… crâne chauve avec deux mèches de cheveux pointant comme des antennes au-dessus des oreilles, une grosse barbe abondante, de longues moustaches…

– Cette description, on dirait Ura, s'inquiète Hydro en sautant dans la conversation. Ils ont enlevé Ura. Il faut absolument faire quelque chose…

– Si vous voulez mon avis, il n'avait pas l'air d'avoir été enlevé. Il suivait les métaAtomix de son plein gré.

Plus tard, en remontant les berges de la rivière en direction des hautes chutes, Hydro prend la petite fée à part et lui demande:

– S'il s'agit d'Ura, comment les métaAtomix ont-ils fait pour savoir où il se trouvait ?

– Il n'y a pas trente-six explications, quelqu'un leur a dit.

– Que veux-tu dire ?

– Quelqu'un qui connaît la cachette d'Ura.

– D'accord, mais à part nous, il n'y a qu'Oxy, Chlore et Antimoine qui savent.

– Conclusion…

– Ah, non ! Je refuse de croire que l'un d'entre nous informe les métaAtomix… Et puis, on n'est même pas sûrs que ce soit Ura. Cobalt dit que le radioAtomix suivait les métaAtomix. Ura n'aurait jamais fait ça.

– On arrive aux chutes.

Le bruit de l'eau se fracassant au pied des chutes les force à crier pour se faire entendre.

– Un secteur indomptable, conclut Azote en admirant la rivière qui dévale avec furie cette pente vertigineuse.

Ils remontent le sentier abrupt qui serpente sur un côté de la chute. « Encore de l'escalade ! » se plaint Chlore en regardant avec envie Sod, Cal et Mag bondir avec agilité de roche en roche. « Les éléphants ne sont pas faits pour l'escalade. »

Alors qu'il arrive en haut, l'éléphant, exténué, essoufflé, distrait, glisse sur une roche recouverte de mousse humide, perd pied et vient buter de tout son poids contre Antimoine qui monte juste derrière lui.

Chlore se rattrape de justesse par la trompe, mais il n'en va pas de même pour la pauvre pieuvre. Sous l'impact, elle lâche prise, tombe à la renverse et commence à dévaler la pente en heurtant les rochers. La chute d'Antimoine ne se termine qu'au pied des chutes.

– Oh non ! Qu'est-ce que j'ai encore fait ?

L'éléphant descend aussi vite qu'il peut pour porter secours à la pieuvre qui gît inconsciente, face contre terre. Il est dépassé en trombe par les deux félins, beaucoup plus rapides que lui. Mag retourne Antimoine et fait couler sur son front de l'eau fraîche. Heureusement, la pieuvre reprend ses sens, mais elle grimace de douleur.

– Aïe ! Je ne peux plus bouger ma jambe…

– Elle est peut-être cassée. Il va falloir te transporter.

Avec précaution, Cal et Mag installent la pieuvre sur le dos de Chlore, qui reprend l'ascension des hautes chutes en regardant soigneusement où il pose les pattes. Pas question qu'il glisse à nouveau.

Sous la direction d'Azote, un campement est établi dans une clairière à l'orée de la forêt située en haut des chutes.

You / Uranium

Magalie / Magnésium

Charly / Calcium

Zorna / Zirconium

– Nous allons passer le reste de la journée ici. Antimoine doit se reposer jusqu'à demain. Après, nous aviserons.

Pendant que la pieuvre se remet de ses émotions, Oxy et Cobalt décident d'explorer les alentours et s'enfoncent dans la forêt à la recherche d'un sentier.

– Hum… Il est presque impossible de traverser ce labyrinthe végétal, fait remarquer Cobalt.

Le sous-bois très sombre, couvert de branches mortes et de grosses racines enchevêtrées, n'a rien de rassurant. Oxy entend comme des plaintes étouffées. Il colle son oreille sur le tronc d'un arbre… Brrrr ! Des sons stridulants, modulés comme le chant des baleines, montent des profondeurs de la terre. Ses électrons terrifiés se réfugient dans leur pochette. Oxy se demande quels genres d'animaux se cachent sous les racines des arbres géants. Comme Cobalt ne semble rien entendre, Oxy se dit qu'il est inutile d'inquiéter les autres avec ces histoires et décide de garder pour lui sa découverte.

Profitant de cette halte, Mouch fait signe à Pico et à Nino de le suivre et s'éloigne vers un coin tranquille de la clairière. Depuis qu'il possède la flamme figée, l'électron d'Hydro rêve d'ouvrir la fiole pour voir si elle va se remettre à danser. Il veut aussi impressionner Pico qui le nargue avec ses sauts quantiques de niveau quatre.

Les électrons se cachent derrière un tas de bois mort, à l'abri des regards.

– └├┴┬┼! (Traduit à partir d'ici pour les rares lecteurs qui ne parlent toujours pas électronais…)

– *J'ai quelque chose à vous montrer.*

Mouch exhibe la fiole qu'il transporte au bout du nez de Pico.

– *Qu'est-ce que c'est?*

– *Du feu! Une grande puissance.*

– *Il ne bouge même pas, ton feu.*

– *Attends, tu vas voir…*

Mouch retire le bouchon de la fiole en souhaitant de tout son cœur que la flamme renaisse.

– *Peut-être que tu ne devrais pas le libérer si c'est si puissant,* conseille Nino.

– *Bah! je ne vais sortir qu'une petite flammèche de rien du tout…*

Il ouvre le flacon et laisse tomber une étincelle au-dessus d'un petit tas de bois sec. Aussitôt qu'il entre en contact avec l'air, le feu se ranime et commence à dévorer le bois sec avec appétit. Mouch est ravi.

Son bonheur est cependant de courte durée, car il se rend compte presque aussitôt qu'il vient de réveiller un monstre. En effet, le feu a déjà doublé d'ardeur et commence à s'attaquer aux herbes de la clairière autour d'eux... Aïe !

– *Qu'est-ce qu'on fait maintenant ?* demande Nino.

– *Heu... on éteint le feu au plus vite.*

Les trois électrons tapent sur les flammes à l'aide de morceaux de bois. Ils travaillent d'arrache-pied, se brûlent le bout des doigts et des ailes. Rien à faire. Dès qu'une flamme est étouffée, deux nouvelles encore plus grosses apparaissent...

– *Nous n'y arriverons jamais !*

Le feu est maintenant hors de contrôle, mais Mouch s'acharne avec obstination...

– Cette odeur ? Penses-tu à la même chose que moi ?

– Oui, le feu ! Allons voir.

Guidés par leur odorat très fin, les félins découvrent l'incendie et sonnent l'alerte.

– Au feu ! Au feu !

Tous les miniAtomix accourent.

– Formez une chaîne jusqu'à la rivière, commande Azote avec à-propos.

Ils utilisent des bûches creuses en guise de seaux. À un bout de la chaîne, Oxy les remplit en puisant dans la rivière. Ils passent ensuite de main en main jusqu'à Hydro qui vide l'eau sur les flammes. Ils travaillent sans répit. Longtemps. Puis, juste au moment où ils sentent que leurs forces les abandonnent, Hydro annonce que l'incendie est enfin maîtrisé. Ouf ! Un peu plus, et le feu atteignait l'orée du bois…

Tout penaud, Mouch, encore fumant et couvert de suie, ne se fait pas prier pour regagner sa pochette.

– J'ai l'impression qu'il a quelque chose sur la conscience, celui-là ! confie Hydro à Héli.

Plus tard, quand ils sont installés pour la nuit, Hydro perçoit un mouvement rapide dans la forêt.

– As-tu vu, Héli ? demande-t-il, inquiet.

– Vu quoi ?

– Comme une ombre courant dans le noir…

– Bah ! On voit toujours plein de choses dans le noir.

Avant de sombrer dans le sommeil, Hydro comprend d'où lui vient l'étrange sentiment qu'il ressent : il a la désagréable sensation que toute la forêt l'observe.

MMMMMMMMMMMMMMMMMMMMMM

À son retour du Mini-monde, Tom constate avec désolation qu'Éli est toujours fâchée. Lui qui pensait que, peut-être, à cause de leur bonne entente dans le Mini-monde… Hélas non! Son amie s'éloigne sans lui adresser la parole.

Sabine profite d'une démonstration de chimie appliquée pour écrire à Amélie. « Oh, j'ai tellement de choses à te raconter sur le Mini-monde! Tout d'abord ce gros lourdaud de Chlore m'a fait tomber et je me suis cassé une jambe. Je ne sais pas si je vais être capable de continuer à suivre le groupe… Drôle de coïncidence d'ailleurs, c'est justement Claude qui m'a blessée à la cheville hier en jouant au ballon-ice… »

Madame Rachel, penchée sur ses tubes et solutions, a complètement oublié les élèves et marmonne pour elle-même.

– Voyons voir, heu… si j'ajoute un peu de soufre…

Un nuage jaune et puant se dégage instantanément du mélange et envahit la classe.

– Pouah!

Insensible à l'odeur d'œuf pourri, Sabine poursuit sa correspondance:

« Et puis Cobalt, une métaAtomix du côté des minis, nous a rejoints. Selon elle, les méta-Atomix auraient découvert la cachette d'Ura. »

« Comment les métaAtomix ont-ils fait pour trouver le radioAtomix ? » s'informe Amélie.

« C'est vrai ça », se dit Sabine… la cachette d'Ura était presque impossible à trouver, à moins que… Et comme si Amélie suivait son raisonnement à mesure, elle lui écrit :

« Qui d'autre savait où vivait Ura ? »

« À part moi, Hydro, Oxy, Héli et Chlore. »

« Chlore ?… Tu veux dire le même qui t'a fait tomber ? Es-tu certaine qu'il s'agit vraiment d'un accident ? »

Le match de demi-finale opposant les ZaNa et les MéTa bat son plein. Nazora a des comptes à régler avec certains joueurs de l'équipe des MéTa. En premier lieu, avec ce prétentieux de Rod qui la nargue chaque matin, ensuite avec ce tricheur de Tek qui gagne les courses de plaque antigravité en utilisant la piste des adultes. Elle déjoue les tirs en rafale d'Augusto et de Tek.

Sabine, remise de sa blessure légère à la cheville, évite de justesse un lancer de Moli. À la grande surprise de Nazora, elle effectue même un bond prodigieux, attrape le ballon en plein vol, et part au pas de course vers la ligne du fond. Pour dérouter ses adversaires, elle fait mine de lancer le ballon tout en poursuivant sa course circulaire puis, à la dernière minute, elle se retourne et fait une passe à Nazora. Sans hésiter, la fougueuse capitaine renvoie le ballon en direction de Tek.

Le ballon touche l'épaule du capitaine des MéTa, puis rebondit dans les airs. Tek plonge pour le rattraper avant qu'il ne touche le sol, mais sa main arrive une fraction de seconde trop tard… Le ballon a déjà frôlé le sol. Rapide comme l'éclair et croyant déjouer tout le monde, Tek s'empare tout de même du ballon sans que rien n'y paraisse… ou presque.

– Tu es gelé ! jubile Nazora, victorieuse.

– Pas du tout.

– Je l'ai vu… le ballon a touché le sol, insiste-t-elle.

– Ce n'est pas vrai, je l'ai attrapé avant.

– Hé… mais… tu mens.

Nazora étant la seule à avoir vu le ballon toucher le sol, le bénéfice du doute est accordé à Tek. Nazora fulmine et finalement l'équipe des MéTa l'emporte.

Toute la journée, Éli a gardé pour elle ses frustrations et états d'âme. Même si elle s'en veut d'avoir été méchante avec Tom, elle n'arrive pas à lui pardonner. Sans parvenir à se contrôler, elle explose durant le repas du soir et s'en prend à ses parents. Elle les accuse injustement de tous les maux du monde.

– Chimnex peut bien raser tout le quartier. On dirait que ce n'est pas votre problème, hein ?

– Éli ! Ne nous parle pas sur ce ton.

– Les enfants du quartier n'ont plus de parc, mais nous, grâce à votre travail, nous avons une maison gigantesque juste pour trois personnes…

– Ça suffit ! C'est quoi ces manières ?! Va dans ta chambre, tout de suite.

Éli se jette sur son lit les yeux remplis de larmes, mais elle serre les dents. Ah, non ! Il n'est pas question qu'elle se laisse aller à pleurer et à sangloter, elle doit garder la tête froide, car sa décision est prise…

Chapitre 9

Entre-murs et mûres-mûres

Éli arrive à l'école avec un sac à dos rempli de vêtements. Aussitôt qu'elle franchit la bulle, elle se dirige vers les jumeaux.

– J'ai un service à vous demander. Plus qu'un service même, c'est une question de vie ou de mort…

– Dis donc ! Si on est capables de t'aider…

– …on le fera avec plaisir. Qu'est-ce qu'on peut faire pour toi ?

– Je… je voudrais… heu… partir de chez moi pour quelques temps.

– Ah ? Et tes parents sont-ils d'accord ?

– Ils ne sont pas au courant…

– Mais, ils seront…

– …morts d'inquiétude.

– J'ai averti Amadeus et je resterai en contact avec lui.

– Pourquoi ne vas-tu pas chez Tom ?

– Parce que c'est là que mes parents vont me chercher en premier.

En réalité, Éli en veut toujours à Tom de l'avoir trahie, de lui avoir fait des cachotteries.

Pire, elle n'est plus du tout certaine de son amitié.

– Alors ?

– Et chez Olivier ?

– Famille nombreuse : ils sont quatre. Ils n'ont certainement pas de place pour une invitée.

Magalie et Charly échangent un long regard. Ils pèsent le pour et le contre – les jumeaux se comprennent sans avoir besoin de prononcer une parole –, puis ils se décident en hochant de la tête simultanément.

– D'accord pour t'aider…

– …mais tu dois promettre de garder le secret.

Éli promet, mais regarde les jumeaux avec étonnement. Un secret ? C'est elle qui en avait un, pas eux.

– Alors, rendez-vous ce soir…

– …à la sortie de l'école.

– C'est quoi votre secret ?

– Tu verras.

– Bonjour Éli !

Tenant sa plaque antigravité sous le bras, Tom s'avance vers elle. Il remarque immédiatement son air bouleversé.

– Quelque chose ne va pas ?

– Ce sont mes parents… Ils ne pensent qu'à leur travail. Ils ne m'écoutent jamais… Je ne veux plus retourner à la maison.

– Veux-tu venir chez moi ?

– Non… j'ai, heu… j'ai déjà trouvé une solution, répond-elle avec froideur sans donner plus d'explications.

Oh ! se désole Tom, en se disant que la situation était bien plus grave qu'il ne l'avait imaginée : il avait complètement perdu la confiance de sa meilleure amie.

– Est-ce que… est-ce que tu veux encore aller dans le Mini-monde ? demande-t-il d'une voix tremblante.

– Rien ne pourrait m'arrêter, les électrons comptent sur moi.

Ils vont rejoindre le reste du groupe derrière le mur du gymnase et *pouffent* tous en chœur dans le Mini-monde et directement dans les problèmes…

MMMMMMMMMMMMMMMMMMM

La voix de Sod tire brusquement Hydro de son sommeil.

– Au secours !

Le miniAtomix essaie de se relever pour venir en aide à la petite guenon, mais sa tête heurte violemment un morceau de bois très dur. Hydro se rend compte qu'il est à l'intérieur d'une cage tressée. En regardant éberlué autour de lui dans la clairière, il constate qu'ils sont tous enfermés dans des petites cages individuelles.

Chlore a beau tirer avec sa trompe et pousser avec ses pattes, la cage solidement enracinée dans le sol ne bronche pas.

– Qu'est-ce qui se passe?

Les félins sortent leurs crocs et mordent les barreaux à pleines dents. Les serpents d'Azote passent leur tête à travers les mailles en tentant de sortir. Oxy creuse énergiquement le sol avec ses sabots.

– En tout cas, moi, je ne resterai pas enfermée là-dedans plus longtemps, affirme Sod en s'attaquant aux barreaux de sa cage.

À l'aide d'une bandelette de tissu déchiré, l'astucieuse petite guenon attache ensemble quelques barreaux de la cage. Elle entortille ensuite les deux bouts du tissu autour d'un petit bâtonnet puis tourne, et tourne… Sous la tension, les barreaux s'écartent imperceptiblement. Sod continue son manège.

Tandis qu'ils sont chacun affairés dans leur cage, un spectacle fascinant se déroule autour d'eux: des centaines de petits arbres sortent de la forêt en marchant sur la pointe de leurs racines et viennent danser autour des cages en

babillant. Certains téméraires s'approchent de la rivière et, malgré la force du courant, ne peuvent résister à l'envie de tremper leurs racines dans l'eau fraîche.

À force de persévérance, Sod a maintenant réussi à pratiquer une ouverture juste assez grande pour y glisser la tête. « Si la tête passe, se dit-elle, le reste passe. » La petite guenon se contorsionne pour faire aussi passer la main, puis le bras. Millimètre par millimètre, elle s'acharne sur son épaule… Elle jurerait que les barreaux de la cage font tout leur possible pour l'empêcher de sortir, mais elle n'abandonne pas.

– Arrête, Sod. Tu vas rester coincée.

Entêtée, Sod n'écoute pas le conseil d'Hydro et continue de se tortiller dans tous les sens, elle progresse, réussit à passer la deuxième épaule, le tronc… Et après plusieurs minutes d'effort, elle jaillit hors de la cage, triomphante.

Avec curiosité, les petites pousses d'arbre viennent faire la ronde autour d'elle. Sod chatouille leur feuillage et, sous les caresses, les arbrisseaux retroussent leurs racines de plaisir. Comme ils sont mignons !

– Hé, Sod ! Qu'est-ce que tu attends pour t'occuper de nous ? s'impatiente Azote, les serpents dressés sur sa tête.

– Quoi ? Tu veux que je te chatouille aussi ? répond Sod qui se croit très drôle.

Mais avant qu'Azote puisse répliquer, Sod s'élance brusquement en direction de la rivière. La petite guenon vient d'entendre un flotch ! suspect. Il n'y a pas une seconde à perdre ; un des petits est tombé à l'eau. Quand elle atteint la rive, Sod aperçoit l'arbrisseau entraîné à toute vitesse dans le courant…

– Oh non !

Elle court aussi vite qu'elle peut jusqu'en haut des chutes. Elle saute ensuite d'un rocher à l'autre en ajustant sa position sur la trajectoire de la petite touffe de feuilles qui émerge ici et là des flots rageurs. Elle cale ses pieds solidement, car elle sait qu'elle n'aura pas deux chances. Quand le petit arrive à sa hauteur, elle se penche dangereusement au risque de tomber. Ses mains battent l'air, plongent dans l'eau puis, juste avant que l'arbrisseau ne disparaisse dans le torrent, elle réussit à l'agripper par le bout d'une branche toute délicate…

– Aïe ! se lamente la petite pousse tendre.

Sans ménagement, Sod ramène l'arbre jusqu'à elle puis, soulagée, gagne le rivage.

– Petit imprudent, le gronde-t-elle gentiment.

Elle revient vers ses compagnons en serrant contre elle le petit qui tremble de toutes ses feuilles.

À mesure que Sod avance, un murmure de joie se propage partout dans la forêt. Les troncs d'arbre de toutes tailles vibrent et font résonner des milliers de notes profondes et gaies. Comme par magie, le treillis des cages se détricote et les longues racines replongent dans la terre sous les regards ébahis d'Hydro et de ses compagnons. En un instant, ils sont libres.

– Je crois que je commence à comprendre, énonce énigmatiquement Hydro. Vive Sod !

– Comprendre quoi ?

– Ils nous surveillaient depuis hier.

– Qui ça *ils* ?

– Les arbres… Ce sont eux qui nous ont fait prisonniers et qui nous libèrent à présent parce que Sod vient de sauver ce jeune téméraire.

« Vive Sod ! » reprennent en chœur les arbres de la forêt.

– Mais… tu as entendu, Héli ? Les arbres parlent.

– Qu'est-ce que ça a de si étonnant ? On pourrait dire la même chose de vous, commente d'une voix grave un arbre derrière Hydro.

Le miniAtomix cherche une bouche sur le tronc, mais à part quelques vieux nœuds troués et pourris, il ne voit rien.

– Comment faites-vous pour parler sans bouche ?

– Un arbre avec une bouche. Ho ! Ho ! Quelle drôle d'idée !

En un rien de temps, l'éclat de rire de l'arbre se propage dans toute la forêt.

– Vous semblez ignorer, petit tronc mou, que nous, les arbres de la forêt des mûres-mûres, nous sommes ventriloques.

– Ventriloques ?

– Nous parlons de l'intérieur du tronc.

Oxy comprend maintenant que les sons qu'il a entendus la veille provenaient des arbres qui conversaient entre eux.

Héli, qui veut en avoir le cœur net, demande sans détour à l'arbre :

– Est-ce que c'est vous qui nous avez faits prisonniers ?

– Heu… à vrai dire, nous avons seulement laissé pousser nos racines autour de vous pour vous empêcher d'entrer dans la forêt.

– Mais pourquoi ?

– Parce que vous transportez l'*ennemi* du bois.

– Qui donc ?

– Le feu.

– Mais vous avez bien vu, argumente Héli. Nous n'avons pas allumé le feu, au contraire, nous l'avons éteint.

– Peut-être, peut-être… mais, questionnez donc vos petits pensionnaires volants à ce sujet.

Hydro n'a pas besoin de plus d'explications ; il devine que l'arbre fait allusion à Mouch. Le miniAtomix se demande d'ailleurs comment son électron a fait pour allumer un incendie.

– Puisque vous avez sauvé notre petit, nous avons décidé de vous accorder notre confiance. Qu'est-ce qui vous amène sur nos sentiers ?

– Nous allons au mont Nimbus.

– Alors, si vous promettez qu'il n'y aura plus ni étincelles ni flammèches, nous voulons bien vous laisser traverser la forêt.

– Et Antimoine ? s'inquiète Chlore qui se sent encore coupable. Il faudra la transporter, je peux peut-être…

– Qui parle de me transporter ?

Avec un petit air joyeux, la pieuvre sautille vers l'éléphant sans paraître souffrir aucunement, sa jambe cassée est enfermée dans un étrange treillis.

– Mais comment… ?

– Les racines de la cage… Au lieu de se retirer complètement, l'une d'entre elles s'est enroulée autour de ma jambe et voilà, j'ai maintenant une jambe de bois bien solide. Quand part-on ?

Sans plus attendre, la petite troupe se met en route. N'ayant trouvé aucun sentier, les miniAtomix avancent tantôt en contournant les branches, tantôt en escaladant les racines géantes ou en se faufilant dans les trous formés par cet enchevêtrement de bois. Le chemin est si difficile qu'au bout de plusieurs heures, ils aperçoivent encore la clairière derrière eux.

– Nous n'y arriverons jamais! fait Chlore, découragé, en s'asseyant lourdement sur une vieille souche qui cède sous son poids. Oh! Je ne vais pas plus loin.

– Chlore a raison, ce chemin est impraticable, conclut Azote. Il faut revenir sur nos pas et trouver un moyen pour contourner la forêt.

– Permettez... Nous ne comprenons pas pourquoi vous n'empruntez pas la canopée, s'étonne l'arbre noueux sur lequel est appuyée la méduse. Cette route est si facile et tellement plus jolie.

– La quoi?

– Les sentiers du haut, si vous préférez.

Hydro lève la tête et aperçoit, à travers le feuillage, des ponts suspendus reliant entre elles les cimes des grands arbres.

– Mais comment monter...

– ...jusque là-haut? s'interrogent les félins.

– Facile, passez par l'intérieur.

Cal et Mag se regardent avec perplexité. La panthère passe la tête dans une ouverture du tronc et découvre que l'intérieur de l'arbre est creux.

– Hé ! tout le monde, par ici, on a trouvé un chemin.

En effet, un escalier en colimaçon situé à l'intérieur du tronc leur permet de monter jusqu'au feuillage et d'accéder aux sentiers. Les passerelles suspendues, qui partent dans toutes les directions, sont formées de branches solidement tressées. Comme si les arbres se tenaient par la main.

– Génial ! jubile Oxy.

Sod croit rêver. Elle n'aurait jamais imaginé plus bel endroit. Ravie, la petite guenon saute de branche en branche et se balance de liane en liane.

À ces hauteurs vertigineuses, Hydro a l'impression de planer comme un oiseau. Au début, il a un peu peur de tomber, car les passerelles ondulent sous leurs pas, mais le miniAtomix s'habitue très vite à ces grands mouvements de vagues. Évidemment, Oxy s'amuse à les amplifier en pliant les genoux et en se redressant, au grand plaisir des petites pousses d'arbre qui les accompagnent partout.

– Arrête, Oxy ! se plaint Chlore derrière lui. J'ai mal au cœur.

– Regardez là-haut, on dirait des maisons, fait observer Héli en désignant des structures complexes qu'elle aperçoit dans le feuillage.

Avant qu'Hydro n'ait le temps de lever la tête, une voix alarmée crie derrière eux:

– Urgence! Vite, dégagez!

D'un bloc, ils se tassent tous sur les côtés de la passerelle, juste à temps pour céder le passage au bolide: une cigogne qui court à une vitesse affolante. Ils décident de la suivre. Un peu plus loin, les miniAtomix débouchent sur une plate-forme et assistent à un spectacle étonnant. La cigogne se tient attentive devant une grosse bosse qui semble avoir poussé sur le tronc d'un arbre. Quelque chose bouge à l'intérieur de la protubérance. Sous la pression, l'écorce se fendille, craque, puis dans un bruit de canon, la bosse expulse une toute petite chose que la cigogne attrape habilement en plein vol.

– Oh! un bébé arbre, s'exclame Héli qui comprend en premier qu'ils viennent d'assister à la naissance d'une petite pousse fraîche.

Avec délicatesse, la cigogne démêle les racines et les branches nouées de l'arbre encore tout fripé et couvert de sève. Quand elle a terminé, elle place le petit debout et l'aide à faire ses premiers pas. Puis, elle se tourne vers Héli et ses compagnons:

– Je me présente, Silicium, du peuple de la canopée. Je dois emmener ce petit à la pépinière. Venez avec moi, si vous voulez. La rumeur de la forêt raconte que vous avez sauvé Acer de la noyade… On vous doit une fière chandelle. J'ai beau les mettre en garde contre les hautes chutes, les petits raffolent de la rivière.

La pépinière est installée au centre de la forêt. Il s'agit en fait d'un immense château tressé à même les branches de centaines d'arbres géants avec tours, créneaux, donjons et bas-reliefs sculptés.

– Quel prodige ! Qui a construit ce chef-d'œuvre ?

– C'est nous. Nous vivons en symbiose avec la forêt. Les arbres nous fournissent des abris et nous protègent. En échange, nous les soignons. Nous retirons les lierres qui les étouffent, nous émondons les chicots morts. Et nous tressons leurs branches… Cent ans pour tresser ce château vivant et il n'a pas encore fini de pousser.

Ils pénètrent à l'intérieur du château dont les murs sont ornés d'orchidées exubérantes et de fougères. Des petites pousses d'arbre courent dans tous les sens et viennent accueillir le nouveau-né en babillant.

– Attention, les petits, ne lui donnez pas trop de sirop, il vient juste de naître, recommande

Silicium tandis qu'ils s'éloignent en tenant le bébé par le bout des branches.

En parlant, la cigogne démêle deux petits qui se sont pris par leurs ramures.

– Comme vous pouvez le constater, nous faisons aussi office de nounous, car les parents bien enracinés ne peuvent pas courir derrière leurs arbrisseaux insouciants.

En poursuivant leur visite, ils se rendent en haut de la plus haute tour du château. Durant le trajet, la cigogne, toujours active, redresse le bout d'une branche, insère une tige entre deux autres. De là-haut, la rivière Apprivoisée qu'on aperçoit au loin dans la vallée ressemble à un tout petit serpent paresseux qui se fait dorer au soleil couchant.

Les miniAtomix décident de passer la nuit au château et s'installent dans le dortoir avec les petites pousses épuisées qui dorment déjà debout, chacune appuyée sur un tuteur.

Hydro, qui a passé la journée préoccupé par le rôle de Mouch dans l'incendie de la clairière, décide de demander conseil à Azote. Il lui explique que son électron est toujours fourré là où il ne doit pas, à faire ce qu'il ne faut pas faire…

– Il a besoin d'autorité, tranche Azote qui lui propose alors un échange. Confie-le-moi et tu seras surpris du résultat. Je vais venir à bout de son petit caractère d'électron gâté.

– Je ne sais pas s'il va vouloir s'éloigner de moi… Depuis son aventure dans la Zone, il est un peu traumatisé et…

– Dis plutôt qu'il est trop bébé pour se séparer de toi.

Mouch n'a rien perdu de la conversation. « Moi, bébé ! » Vexé, il fait comprendre à Hydro qu'il est fort bien capable de passer quelque temps dans la pochette d'un autre mini-Atomix. Tête de méduse ou pas.

Affaire conclue…

En échange, Hydro se retrouve avec un des électrons d'Azote : Pix, l'électron « parfait » qui obéit au doigt et à l'œil.

– Pix, va dans la pochette.

En moins de deux, l'électron disparaît dans la pochette.

– Pix, sors et viens te poser sur ma tête.

Hydro n'a même pas fini sa phrase que Pix est déjà perché sur le bout de son toupet.

– Pix, éternue.

Même s'il n'est pas enrhumé, l'électron éternue.

– Pix, frappe des mains en grimaçant.

Le petit s'exécute sans hésitation ni protestation… Beaucoup trop obéissant à son goût… Hydro s'énerve et commence à donner des ordres de plus en plus stupides pour voir jusqu'où ira Pix.

– Laisse-le tranquille, voyons, intervient Héli. Ce n'est pas sa faute. Il est habitué à recevoir des ordres.

Hydro, qui s'ennuie déjà des petites bêtises de Mouch, tremble à l'idée qu'Azote vienne à bout de « son petit caractère d'électron gâté », comme elle dit, et ne le transforme en un deuxième Pix.

Pendant ce temps, dans la pochette d'Azote, Mouch étudie la situation. Ils sont sept électrons au total, il n'a pas l'habitude d'une famille aussi nombreuse. Les deux électrons de cœur, ceux de la première couche atomique, font bande à part. Ils ont leur chambre à eux avec des nids roses superposés. Mouch les trouve bien prétentieux avec leurs grands airs, ces deux-là.

Les cinq autres électrons, habitués de voler ensemble sur la deuxième couche atomique, se partagent une autre chambre. Cinq alvéoles percées dans le mur servent de lit. Le reste de la pièce est rempli d'une prometteuse montagne de coussins… Mouch se met aussitôt à l'œuvre et construit des tunnels menant à une cachette.

– Tu peux te mettre à l'aise, l'invite un des électrons d'Azote en retirant son petit casque.

– Non, non. Je dors toujours avec. Pour être prêt… répond Mouch sans donner plus d'explications.

En réalité, depuis qu'il a été frappé de fièvre mal-malor, l'électron n'enlève son casque devant personne…

Quand vient le temps de dormir, les lumières programmées clignotent sept fois et, obéissant, chaque électron regagne son nid.

– Mais qu'est-ce que vous faites ? s'étonne Mouch.

– C'est l'heure de dormir, les lumières vont s'éteindre d'un moment à l'autre.

– Il est bien trop tôt.

– Pas le choix… la pochette sera plongée dans le noir dans moins d'une minute.

– Ça ne pose pas de problème, venez voir ce que j'ai installé.

Les plus intrépides s'enfoncent sous les coussins derrière Mouch et découvrent, émerveillés, que la cachette brille grâce à la lumière émanant d'une petite fiole contenant une flamme figée.

Tout en protestant que ce n'est pas bien de désobéir, les électrons finissent tous par rappliquer, même les deux électrons de cœur.

– Maintenant, chacun à tour de rôle, on va raconter une histoire de peur, annonce Mouch.

Il commence le premier et décrit les horreurs qu'il a vues à l'usine d'*é*… comment Technétium avait enfermé les électrons dans des cages trop petites les forçant à travailler jour et nuit… comment le directeur de l'usine – l'infâme mille-pattes – se moquait des électrons qui rataient leur atterrissage de sauts quantiques…

Serrés les uns contre les autres, les électrons restent suspendus à ses lèvres. En plein cœur de la nuit, enveloppé dans cette atmosphère troublante, même Mouch finit par avoir peur…

MMMMMMMMMMMMMMMMMMMM

– Tu es certaine qu'Amadeus n'est pas allé tout raconter à tes parents…

– … et qu'ils ne vont pas t'attendre à la sortie de l'école ?

– Amadeus ne me trahirait jamais, lui.

– Alors, allons-y.

Sans un mot, Éli suit les jumeaux. Ils s'éloignent de l'école et circulent sur une piste en direction du nord. En voyant défiler la ville, la petite fille pense à ses parents et se demande soudain pourquoi elle est si fâchée contre eux. Peut-être avait-elle exagéré les faits... « Heureusement qu'Amadeus est là pour les rassurer. » Elle a convenu avec l'ordinateur d'expliquer qu'elle couchait chez Tom. D'ailleurs, on pouvait la rejoindre en tout temps grâce à son CP.

– Où habitez-vous ?

– Aujourd'hui, dans un logement...

– ... près de chez Nazora. Nous y voilà.

« Comment ça, *aujourd'hui* ? », se demande Éli.

– Le camion de livraison arrive. Vite, mets-toi derrière Magalie et tiens-toi prête.

Éli, qui comprend de moins en moins, obéit aux ordres, puis attend. Le camion s'approche de la bouche de livraison de l'édifice et, juste comme la porte s'ouvre, Magalie s'y engouffre sans hésiter.

– Vas-y. C'est à ton tour. Fais comme Magalie.

Passant par l'ouverture, Éli entre dans les murs de l'édifice et commence à escalader la paroi derrière Magalie. « Drôle de manière de rentrer chez soi », pense Éli sans passer le moindre commentaire.

– L'appartement 514, c'est bien ça ? s'informe Magalie.

Arrivé au cinquième étage, Charly manipule des commandes sur un clavier et, aussitôt, le mécanisme de transformation s'active...

– Éli, assieds-toi ici sur ce fauteuil, lui indique Magalie.

Le fauteuil sur lequel elle vient de prendre place bascule aussitôt et, l'instant d'après, elle se retrouve assise dans un salon en compagnie de Charly et Magalie, tout sourire.

– Comment trouves-tu…

– … notre maison de ce soir ?

– De ce soir ? Vous voulez dire que… nous ne sommes pas chez vous ?

– Jamais de la vie ! Nous changeons…

– … toujours d'endroit.

– Pourquoi ?

Les jumeaux rigolent en expliquant à Éli, totalement éberluée, qu'ils vivent une vie de nomades.

– Connais-tu Ya-Ching Lee…

– … et N'yad Banckou ?

– Les explorateurs de l'émission *Partout sur terre et en dessous* ? Bien sûr que je les connais ! Quoi, vous faites comme eux ?

– Heu, oui et non…

– … ce sont nos parents, en fait. Comme ils voyagent autour du monde, poursuivent les jumeaux, ils nous ont mis en pension…

– …sauf que nous préférons la liberté. Alors, nous avons choisi cette vie de nomades urbains.

– Qu'en pensent vos parents ?

– Ils ne le savent pas.

Des années auparavant, en explorant les mécanismes de leur appartement, les jumeaux avaient découvert comment ramper dans les entre-murs puis, plus tard, comment entrer et sortir des édifices.

– Les ordinateurs domestiques ne vous mettent jamais des bâtons dans les roues ?

– Au contraire. Ils sont programmés pour veiller sur les humains et, en particulier, sur les petits humains, comme ils nous appellent. Rien n'est prévu pour surveiller les entre-murs, puisque c'est beaucoup trop étroit pour un adulte. Et puis…

– … les ordinateurs sont sensibles aux flatteries. Il suffit de quelques compliments pour les mettre dans notre poche. Après ça, ils sont aux petits oignons avec nous, repas mijoté, bain avec mousse et tout…

– Vous n'avez pas peur d'arriver dans un logement et de tomber sur quelqu'un ?

– On ne choisit que des appartements vides, bien sûr. On vérifie sur le réseau combien de personnes habitent le logement, s'il y a arrêt de livraison à domicile, si des voyages sont prévus, billets d'avion…

Magalie tire sur une petite section de sa boucle d'oreille unique et tend à Éli un objet composé de circuits électroniques.

– Tous les renseignements sur nos appartements préférés sont contenus dans ce petit bidule, une clé-mémoire.

– En partant, on laisse tout exactement comme on l'a trouvé et personne n'en sait rien, ajoute Charly.

– Et pour le pensionnat, comment faites-vous ?

– Nous avons un petit arrangement avec l'ordinateur de la pension ainsi qu'avec celui de l'école…

– Vous n'avez jamais eu de problèmes ?

– Non… Enfin, si. Un peu avant les vacances du milieu, on a évité…

– … la catastrophe de justesse.

Magalie raconte à Éli qu'un jour, elle a échappé la clé-mémoire dans la cour de l'école et qu'elle a vu madame Rachel la ramasser par terre, puis l'examiner avec curiosité avant de la glisser dans la poche de son veston…

Si leur professeur branchait ce bidule dans n'importe quel ordinateur, elle comprendrait à coup sûr le manège des jumeaux. Et alors, c'en serait fini de leur liberté. Ils n'avaient pas le choix, ils devaient récupérer l'objet coûte que coûte.

– Qu'est-ce que vous avez fait alors ?

– Nous sommes allés le récupérer chez elle.

– Oh ! Mais, pourquoi ne pas lui avoir demandé tout simplement ?

– Trop risqué.

Les jumeaux avaient découvert sans peine l'adresse de leur enseignante en cajolant l'ordinateur central de l'école. Madame Rachel habitait une maison ancienne, un peu à l'écart, qui avait résisté à la démolition.

– Un endroit un peu épeurant, pas très loin des usines Chimnex.

– Pendant que Magalie faisait le guet, je me suis introduit par contorsion dans un petit soupirail qui donnait directement sur une cave…

– Une quoi ?

– Une pièce creusée dans la terre et grouillante de fourmis. Il y en avait des millions, sur le plancher, les murs, partout. Je devais poser les pieds avec délicatesse pour éviter de les écraser. J'ai finalement trouvé la clé-mémoire à l'étage, dans la poche du veston, là où madame Rachel l'avait oubliée.

– Êtes-vous certains qu'elle n'a pas eu le temps de la brancher et de découvrir votre secret ?

Ce soir-là, couchée dans le lit douillet d'un logement inconnu, Éli jette un dernier coup d'œil sur son CP. Son cœur bondit, oh! un message de sa mère. «Bonne nuit, ma belle puce, je t'aime, maman.» Éli s'endort en serrant contre elle le tendre message. Elle fait des rêves peuplés de colonies de fourmis envahissant les entre-murs de l'école des Zorbitals…

Chapitre 10

Les arbres mutants

Dans le match de demi-finale de ce matin, les AlCa affrontent les OxXa. Les joueurs des OxXa sont impitoyablement gelés les uns après les autres grâce au terrible jeu d'équipe des AlCa. À la fin, il ne reste qu'Olivier.

Lili fait une passe à Tom, qui hésite une fraction de seconde avant de lancer le ballon en direction de son ami. Celui-ci en profite pour prendre position. Il intercepte alors facilement le ballon et le renvoie aussi vite: Tom est gelé. Ensuite, stimulé par les encouragements enthousiastes de Coralie, Olivier gèle coup sur coup Lili, puis Césarine.

– On dirait qu'il a mangé de la vache enragée, glisse Magalie à l'oreille d'Éli.

Mais la petite fille, l'esprit ailleurs, ne réagit pas. Depuis son réveil, plus rien ne lui semble évident… Toute sa colère a fondu pour laisser la place à une grande tristesse. Aurait-elle exagéré et porté des accusations à tort? En y pensant bien, elle se rend compte qu'elle n'a donné à personne la chance de s'expliquer. Elle se dit qu'elle a vraiment tout gâché ; Tom ne lui pardonnera jamais. Quant à ses parents…

Nadine se retrouve maintenant seule face à Olivier. Un contre un. De l'autre côté du terrain, dans la zone des joueurs gelés, Tom récupère le ballon et l'envoie à sa capitaine. Olivier a beau se démener comme un diable, il finit par tomber sous le feu nourri des échanges répétés entre Nadine et Tom. Vainqueurs, les AlCa se qualifient de justesse pour la grande finale.

À l'autre bout de la cour, les joueurs de l'équipe des MéTa n'ont pas attendu la fin du match pour rejoindre le Mini-monde.

– Vite, allons-y aussi ! les presse Nazora lorsque Olivier est touché. Je n'aime pas savoir qu'ils ont de l'avance sur nous.

MMMMMMMMMMMMMMMMMMMM

Dans la pochette d'Azote, Mouch, intarissable, a inventé quelques histoires dont il est le héros, mais il a aussi avoué certaines bêtises dont il est le zéro. Comme celle du feu…

– Tu veux dire que tu as mis le feu en utilisant cette petite flamme figée de rien du tout ?

Et pour finir, de fil en aiguille, ils n'ont pas dormi de la nuit…

Quand Azote sonne le réveil, ses électrons se présentent à elle avec des poches sous les yeux et les vêtements fripés. Ils effectuent en bâillant leur salut du matin et, distraits par le vol enjoué de Mouch, foncent les uns dans les autres.

La méduse contemple la pagaille avec désolation. Elle doit agir avant qu'il ne soit trop tard. Alarmée par la mauvaise influence qu'exerce Mouch sur ses électrons, elle décide de le renvoyer chez lui au plus vite.

– Mouch est bien gentil et tout, mais je crois que mes électrons s'ennuient trop de Pix. Je vais… heu… je vais devoir le reprendre, explique-t-elle à Hydro avec embarras.

Le miniAtomix, trop heureux de retrouver son électron chéri, s'empresse de faire l'échange.

– Chacun sa manière d'élever les électrons, n'est-ce pas? conclut Azote quand Pix, en tenue impeccable, vient la rejoindre.

Le château tressé dans les branches de la forêt des mûres-mûres fourmille de l'agitation du matin. Les petites pousses babillardes se pressent autour de Silicium la cigogne pour recevoir leur portion de sève sucrée.

Durant un moment d'accalmie, Héli en profite pour lui demander si elle connaît, par hasard, un moyen pour aller dans la Zone. La petite fée ne perd jamais de vue la mission qu'elle s'est fixée : retourner là-bas et ramener à la maison tous les petits électrons orphelins.

– La Zone ? Je n'ai jamais bougé d'ici, mais peut-être que…

– Que quoi ?

– Un peu plus haut, sur la montagne, les arbres mutants… Ils pourraient sans doute vous aider.

« Une autre rumeur de la forêt des mûres-mûres, se dit Azote qui suit la conversation. Comment des arbres pourraient-ils les aider à retourner sur la tranche du monde ? »

Juste avant leur départ, Silicium remet à Chlore un paquet ficelé.

– Voici des chaussures trouées pour marcher sur l'eau. Vous en aurez besoin si vous gravissez le mont Nimbus.

« Marcher sur l'eau avec des chaussures… trouées ? » Chlore accepte poliment le cadeau en se demandant si la cigogne ne se moque pas de lui.

Plus tard, quand ils arrivent au bout des sentiers de la canopée, les miniAtomix constatent que la forêt change du tout au tout. En premier lieu, les passerelles suspendues disparaissent et le sous-bois devient tout propret.

– J'imagine qu'il s'agit de la forêt des arbres mutants, avance Oxy.

– Hé ! regardez les feuilles. Elles ont la même forme que celles de Plouc, fait remarquer Sod qui se déplace au niveau du feuillage. Vous vous souvenez de Plouc, cet arbre unique qui poussait en plein milieu de la Zone, chez Zinc ? Ah tiens, je n'avais pas remarqué avant, mais les feuilles, on dirait… que ce sont des petites ailes.

– Normal, puisque ce *sont* des ailes, répond un arbre qui a entendu la remarque. Elles sont présentement pliées sur elles-mêmes, mais elles peuvent s'ouvrir et battre l'air.

Comme ailleurs dans la forêt, il y a toujours un arbre à proximité qui est à l'écoute et propage les rumeurs au reste de la forêt.

– Ainsi, au lieu de tomber, vos feuilles s'envolent ? s'informe la petite guenon auprès de l'arbre.

– Quelle idée !

L'arbre est pris d'un fou rire.

– Ho ! Ho ! Ho ! Perdre nos feuilles !

Son rire contagieux se transmet aux arbres voisins, puis aux autres plus loin. La blague circule en un temps record. Le rire se propage comme une traînée de poudre à toute la forêt et fait vibrer le sol sous leurs pieds.

– Jamais rien entendu d'aussi drôle. Ho ! Ho !

Quand le calme revient, Héli se risque à poser une question en espérant ne pas déclencher une nouvelle secousse.

– Mais alors, à quoi servent vos ailes ?

– Mais à voler.

– C'est impossible, vous êtes enracinés.

– Une fois l'an, on se déracine et hop ! on part faire le tour du Mini-monde.

– Mais... pourquoi ?

Les arbres répondent tous en même temps :

– Pour le plaisir...

– Pour se dégourdir les racines...

– Pour se démêler les racines...

– Et puis, ça fait voir du pays.

– Incroyable ! Et vous revenez toujours au même endroit ? s'étonne Antimoine.

– Heureusement, car nous n'aimons pas le changement. Moi, j'adore retrouver les trous de mes racines, c'est comme mettre ses vieilles chaussures. Nous avons cependant des surprises ; l'emplacement est parfois occupé par de jeunes pousses d'arbres. C'est embêtant de les transplanter, car elles viennent juste de prendre racine.

– Que faites-vous alors ?

– On se tasse. Mais à vrai dire, le problème empire de saison en saison. Avec la surpopulation, les petits n'arrivent plus à trouver de place. Bientôt, il va falloir aménager un deuxième étage de terre.

– Si vous êtes si tassés, pourquoi revenez-vous ici ?...

– Heu...

Les arbres ne savent pas quoi répondre.

– Pouvez-vous voler avec des passagers ? se hasarde Héli qui voit là une solution au problème des électrons dissidents.

– Bien sûr. On part rarement seul. Notre feuillage est chargé de petits animaux.

– Alors, pourriez-vous nous emmener au bout du monde ?

– Sans problème, sauf que vous devrez attendre le prochain départ dans... heu, voyons voir... dans exactement trois cent un jours.

– Mais nous ne pouvons pas attendre si longtemps ! s'exclame Héli d'une voix aiguë. Nous devons partir tout de suite, il y a urgence.

– Oh, alors... il faut en discuter avec Vieux Tronc. C'est lui qui décide.

– Où peut-on le trouver ?
– Vous n'avez qu'à suivre les gémissements.
– Les gémissements ?
Effectivement, un long sanglot ininterrompu se fait entendre en bruit de fond dans la forêt des arbres mutants.
– C'est notre cher Vieux Tronc. Il est inconsolable… Un vrai saule pleureur ! Alors, je vous le dis tout de suite, vous perdez votre temps.
– Pourquoi ?
– Depuis qu'il a perdu un de ses petits, son cœur est fermé. Il dit que tout est de sa faute.
– Comment l'a-t-il perdu ?
– Au cours d'une migration, il y a plusieurs années déjà… À cette époque-là, il était encore permis de frôler les tempêtes de plasma. Mais, depuis, nous les évitons ; c'est beaucoup trop dangereux. Dommage, car c'était agréable de sentir le plasma passer entre nos radicules.
– Vos quoi ? Vos radis ?
– Radicules, autrement dit nos toutes petites racines. Elles sont très sensibles. Ainsi, ce jour-là, pour amuser les petits qui adorent avoir peur, Vieux Tronc a effectué un piqué, puis il a redressé son vol à la dernière seconde, juste au-dessus du nuage de tempêtes. Un des petits a perdu racine et il est tombé sans que Vieux Tronc ne s'en rende compte. Les arbres

qui volaient derrière l'ont vu déployer ses feuilles minuscules et tenter désespérément de voler avant d'être englouti dans la tempête sifflante. Il n'y avait plus rien à faire.

– Pourquoi cette perte l'attriste-t-il autant alors que vous êtes des milliers ? s'informe Sod.

– Qu'est-ce que vous croyez ? Comme si l'amour pouvait se diluer par les racines ! Peu importe le nombre de nos anneaux, nous restons toujours les petits de Vieux Tronc.

Soudain, Sod est brusquement frappée par une illumination : elle sait où a atterri le petit de Vieux Tronc après sa chute… mais oui, tout concorde… la forme des feuilles, Zinc le vieux robot qui prétendait que Plouc, son arbre adoré, était tombé du ciel. Ainsi, le robot disait vrai !

– Je sais où il se trouve ! s'écrie la guenon sur un ton victorieux.

– Qui donc ?

– Le petit. Nous l'avons rencontré dans la Zone. Il vit chez Zinc le robot.

– Êtes-vous certaine de ce que vous dites ?… Que… quoi… Mais qu'est-ce que vous attendez ? Ne restez pas plantés là. Courez vite sur vos petits troncs mobiles annoncer la bonne nouvelle. Vite ! Vite ! Vite !

La rumeur voyageant d'arbre en arbre à la vitesse du son, Vieux Tronc connaît déjà toute l'histoire quand les miniAtomix arrivent. Il les attend avec impatience. L'arbre immense domine la forêt mutante et son ramage impressionnant s'étend comme des ailes protectrices au-dessus de tous ses descendants.

– Où est-il ? Où est le petit ? Grimpez vite et installez-vous confortablement. Il n'y a pas une minute à perdre. Dès que vous serez tous prêts, nous décollerons. Vous m'expliquerez l'histoire en route.

En moins de deux, Sod rejoint la cime de Vieux Tronc. Chlore, qui n'arrive pas à grimper facilement, s'aide comme il peut avec sa trompe. Hydro, Héli et les autres s'installent confortablement sur les grosses branches de l'arbre. Des centaines de petites pousses, excitées par ce départ imprévu, viennent les rejoindre.

« On aura toute la place qu'il faut pour ramener les électrons dissidents », se dit Héli avec satisfaction.

– C'est Ura qui sera surpris de nous voir revenir au Pays avec les électrons, et ce, sans avoir eu à affronter aucun métaAtomix, jubile-t-elle. Peuh ! Encore plus facile que sa solution facile.

« J'espère seulement qu'il sera là pour se réjouir avec nous », songe Hydro, qui souhaite de tout cœur qu'il ne soit rien arrivé au vieux radioAtomix.

Vieux Tronc émet un grognement sourd qui se répand dans le sol par les racines : le signal du départ. Les grognements retransmis et modulés sur tous les tons résonnent dans les troncs, se répercutent dans les racines, font vibrer le sol et se propagent à toute la forêt en faisant sautiller terre et roches. Ces vibrations permettent aux arbres de commencer à dégager leurs racines.

En piaillant, les petits arbrisseaux continuent de grimper le long des troncs et se réfugient à la cime des arbres en vue du décollage.

– Montez le plus haut possible, les petits, sinon nous n'arriverons pas à nous redresser.

Pendant que Vieux Tronc donne ses directives, chacune de ses feuilles se déploie et laisse apparaître une deuxième aile. Les ailes battent l'air à l'unisson, de plus en plus vigoureusement. Dans un grand craquement de bois sec, Vieux Tronc commence à s'élever dans les airs. Tranquillement, ses racines sont tirées de la terre.

– Attention, ça va donner un coup.

Quand il est complètement libéré, Vieux Tronc s'élève vers les nuages avec légèreté, puis prend position à l'avant du voilier d'arbres migrateurs. Les arbres adultes soutiennent les jeunes arbolescents qui prennent leur envol pour la première fois.

– Dans quelle direction allons-nous? demande Vieux Tronc quand ils atteignent leur altitude de vol.

– Heu… au bout du monde.

– Lequel?

Les miniAtomix se regardent éberlués. Ils n'ont jamais pensé qu'il y avait plusieurs bouts du monde. Hydro explique à l'arbre le trajet qu'ils ont suivi dans la Zone.

– Plouc habite chez Zinc le robot.

– Plouc? Qui est-ce?

– Votre petit.

– Plouc… drôle de nom pour un arbre!

– Lui et Zinc habitent tout près des tempêtes de plasma.

– Ah! Les tempêtes de plasma…

La simple mention de l'endroit réveille chez l'arbre des souvenirs douloureux et un frémissement parcourt sa ramure…

– Plouc… Ahhh, je vais enfin revoir le petit! En route.

Confortablement installé sur les branches et entouré de dizaines de petites pousses d'arbres, Hydro admire le paysage qui défile sous eux. Ils traversent un gros nuage de pluie. Au passage, les racines des arbres font des réserves pour le voyage. Ils survolent ensuite les Pechblendes en se dirigeant vers le nord.

– Nous allons bientôt passer au-dessus de la dernière montagne, les avertit l'ancêtre. Tenez-vous bien, car il y a toujours des turbulences ici.

Hydro enferme Mouch dans sa pochette et crie aux pousses d'arbre de bien enrouler leurs racines sur les branches. Les petits s'amusent à se laisser ballotter par les vents violents qui soufflent à travers le feuillage.

Après avoir atteint la tranche du monde, Vieux Tronc redirige son vol vers l'est.

– Comme je n'ai aucun sens de l'orientation, je me guide toujours sur la tranche du Mini-monde. Impossible de se perdre. En plus, nous évitons ainsi de survoler la Zone.

« Facile peut-être, mais pas rassurant du tout », se dit Hydro en s'agrippant solidement pour ne pas tomber. Sous eux, la tranche du monde s'enfonce dans la noirceur et le vide.

Après un long vol, Vieux Tronc annonce enfin qu'ils arrivent à proximité des tempêtes de plasma. Même en plissant les yeux, Hydro ne voit aucune trace des tempêtes.

– L'arbre doit sentir le plasma par ses ridicules.

– Tu veux dire ses radicules, le corrige Héli.

Puis s'adressant à l'arbre, elle ajoute :

– Vieux Tronc, avant d'aller rejoindre Plouc, j'aimerais te demander une faveur.

– Puisque mon vieux cœur de bois revit grâce à vous, je veux bien vous accorder une faveur. Mais vite, car je suis impatient de revoir Plouc !

– Un peu en contrebas, sur la tranche du monde, se trouve un village habité par des électrons. Les pauvres petits ont été soumis à l'esclavage et forcés de travailler pour le compte de Technétium. Nous les avons libérés et, depuis, ils se cachent là en attendant qu'on vienne les chercher. Est-ce qu'on pourrait passer les prendre ?

– Rien de plus facile. Ils n'auront qu'à s'éparpiller dans mon feuillage et à bien se tenir. Ohé derrière ! Préparez-vous pour une descente en piqué vertigineux.

Pico, qui attend ce moment depuis longtemps, reconnaît de loin les grottes avec leurs flancs couverts de petites niches… Il va enfin revoir ses copains de rébellion.

Mais l'électron se fige. Il y a quelque chose qui cloche. Le village semble bien calme… Beaucoup trop calme. Pico ne voit pas le bourdonnement habituel… Que se passe-t-il ?

Trop encombrants, les arbres se garent à l'extérieur de la grotte le long de la tranche du monde et font du surplace en battant des ailes au ralenti. En marchant sur les branches tendues, Hydro et Héli parviennent jusqu'au village et commencent à visiter les lieux. Ils ne mettent pas longtemps à comprendre : le village est désert.

– Mais… mais où sont-ils partis ?

– Au Pays, peut-être, suggère Hydro sans y croire.

– On en aurait entendu parler. Non… Regarde ces nids renversés, des plumes partout… Il s'est passé quelque chose… quelque chose de très grave, conclut la petite fée avec consternation.

Pendant que les miniAtomix cherchent des explications, Mouch, Pico et Nino explorent les petits nids vides. Mouch fait soudain de grands signes aux deux autres électrons. Il a vu quelque chose bouger, là, en dessous d'un gros tas de plumes.

Courageusement, les trois électrons se placent de part et d'autre, puis bondissent à l'unisson sur la *chose* qui se débat en poussant de grands cris.

– ┼┼┬┤═┴ ! (Gentiment traduit car, selon nos sources, il resterait encore deux ou trois lecteurs qui résistent à apprendre l'électronais.) *S'il vous plaît, ne me faites pas de mal,* supplie le malheureux.

– Hé, que fais-tu là toi ? C'est moi, Pico. Me reconnais-tu ? Où sont les autres ?

– Oh, Pico ! Les autres ?... Les métaAtomix sont venus les chercher.

– Qui ça ?

– Au début, ils nous ont dit qu'ils venaient pour nous ramener au Pays. Ils ont placé les électrons dans de grandes nacelles pour les remonter là-haut. Mais juste à voir comment ils les empilaient sans ménagement ni gentillesse, j'ai vite compris que ça n'allait pas du tout et je me suis caché. Ensuite, j'ai tout vu ! Ceux qui refusaient de partir ont été poursuivis sans pitié par des métaélectrons. Et leurs ailes ont été engluées... Nous avons été trahis par Héli.

– Hein ? Jamais de la vie !

– Alors, explique-moi comment ils ont fait pour trouver le village. Seuls les miniAtomix savaient...

Pico ne trouve rien à répondre.

– Où ont-ils emmené les électrons d'après toi ? demande-t-il en se doutant de la terrible réponse.

– J'ai cru comprendre qu'ils les ramenaient... à l'usine d'é !

Aïe !

Pico et Nino réussissent à convaincre le petit électron effrayé de venir avec eux. Héli le prend tendrement dans le creux de sa main, mais il continue à trembler comme s'il avait peur d'elle...

– Hydro, il est arrivé malheur aux électrons.

– Que pouvons-nous faire ?

– Il faut fouiller toute la Zone centimètre par centimètre et les retrouver coûte que coûte.

Solution irréaliste... Hydro sait bien qu'Héli ne parle pas sérieusement et qu'elle a tout simplement besoin de laisser sortir sa colère. Il leur reste toujours la « solution difficile », c'est-à-dire continuer de visiter les maîtres d'Octet et collectionner le *savoir*.

La mort dans l'âme, ils remontent à bord des arbres migrateurs. Conscient de la déception de ses amis, Vieux Tronc ne laisse rien paraître, mais ses racines gigotent d'impatience à l'idée de revoir son petit.

– Passons maintenant chez Zinc.

Ils remontent la tranche du bout du monde puis survolent les tempêtes de plasma. Chlore enroule sa trompe autour des branches géantes et s'arrime solidement. Pour rien au monde il ne voudrait se retrouver à nouveau dans ces vents violents arracheurs d'électrons. Il a traversé deux fois les tempêtes : deux fois de trop. Heureusement, Vieux Tronc vole très haut en altitude pour éviter toute turbulence.

– Là-bas, j'aperçois la maison de Zinc, s'exclame Sod, perchée comme sur un mât au sommet des plus hautes branches.

La sève dans le xylème de Vieux Tronc ne fait qu'un tour : le vieil arbre vient lui aussi d'apercevoir Plouc. Un robot grimpé dans une échelle astique une par une les feuilles du petit… hum, plus si petit que ça à vrai dire.

Ils atterrissent un peu partout autour de la maison de pierre. Les arbres, éblouis par cette immensité – de l'espace à perte de vue –, enfoncent leurs racines dans un sol qu'ils découvrent moelleux et chaud. Hummm !

Zinc descend de l'échelle en grinçant.

– Par le ciel, de la visite ! Entrez, installez-vous. Je vais vous préparer un délicieux jus de capsules.

En deux bonds, Sod rejoint le robot qui la reconnaît immédiatement.

– Oh, bonjour, petite ! Tu as emmené quelques amis à ce que je vois, dit le robot en désignant la forêt dense qui vient de pousser autour de sa maison.

– Je te présente Vieux Tronc, le père de Plouc.

– Le quoi ? Comment ? Oh !… heu… enchanté.

Les ailes de ses feuilles repliées, Vieux Tronc s'est installé dans le jardin juste à côté du petit.

Ils gazouillent ensemble dans le langage ancien des arbres.

– Ah, mais il parle !

Des larmes coulent des yeux de Zinc. « Avec toutes ces émotions, je vais encore rouiller », marmonne-t-il pour lui-même.

– Quelle ramure ! Quelle envergure ! Quel tronc solide et droit. Avec des feuilles saines et si brillantes… Il a été bien traité, ce petit. Il va voler comme une fusée.

– Voler ? Mais Plouc ne vole pas.

– Parce qu'il ne l'a pas encore appris…

Vieux Tronc a tellement de choses à raconter à son petit qu'il décide de passer la nuit chez le robot. Les petites pousses, qui raffolent du jus de capsules, se sont toutes entassées à l'intérieur de la maison pour le plus grand bonheur du robot.

Dès l'aube, Plouc, encouragé par son père, déploie ses milliers de petites ailes et commence à se déraciner avec difficulté.

– C'est normal, tu manques de pratique, le réconforte Vieux Tronc.

Malgré son inquiétude, Zinc l'aide du mieux qu'il peut en tirant délicatement sur les racines et en les arrosant pour les garder bien souples.

Soutenu par plusieurs grands arbres, Plouc réussit à prendre son envol. À mesure qu'il gagne de l'assurance, les arbres s'éloignent de lui et, à la fin, il vole seul.

– Bravo Plouc ! Tu es doué, le félicite son père à leur retour. Tu vas pouvoir rentrer à la maison avec nous.

Zinc retient son souffle. Il se rend compte que, maintenant qu'il sait voler, Plouc va partir. Mais Plouc explique à Vieux Tronc, avec beaucoup de tact, que chez lui, c'est ici. Il n'a jamais connu autre chose et il est enraciné profondément dans le cœur de Zinc.

Plusieurs arbres, impressionnés par le confort de la région, décident de rester aussi. Fini les problèmes de surpopulation. En plus, ils auraient dorénavant un but lors des prochaines migrations : ils se visiteraient.

Une jolie forêt prend ainsi racine autour de la maison de pierre et commence à s'installer dans la Zone…

En quittant son cher petit, Vieux Tronc, tout à son bonheur, prend distraitement le chemin du retour, mais au lieu d'aller vers la tranche du monde, il se dirige vers le nord de la Zone. Au bout d'un moment, il est forcé d'admettre qu'il est perdu.

– Je ne sais plus où je suis. Je ne reconnais rien.

Ils survolent des constructions étranges. En selle sur son arbre-monture, la belle Cobalt regarde les anneaux ovales qui s'étendent sous eux dans la plaine.

– Ainsi donc ils ont fini par le construire, leur Accélérotron, fait-elle observer à Oxy, assis sur une branche à côté d'elle.

Hydro est à mille lieues de se douter qu'ils passent à l'instant même au-dessus de Technétium qui vient d'ordonner qu'Ura soit enfermé dans ces anneaux infernaux.

Comme un boulet de canon, le sergent Rhodium fait irruption dans la salle de contrôle de l'Accélérotron, et déclare avec énervement que l'espace aérien est envahi par un OVÉ.

– Un OVÉ ? De quoi s'agit-il ? lui demande Technétium, contrarié par cette interruption.

– Un objet volant étrange.

– Vous ne pouvez pas parler comme tout le monde ! Qu'a-t-il d'étrange, cet objet ?

– Heu… on dirait… une forêt.

– Préparez mon disque, je vais voir ça de plus près. En attendant mon retour, mettez le radioAtomix au frais avec son électron, ordonne-t-il à Ruthénium le mille-pattes.

– C'est comme si c'était fait, Votre Déchéance.

Couché à plat ventre sur le disque, pattes et pinces coincées dans des sangles, le scorpion s'élève dans les airs, accompagné par sept autres pilotes volant en formation. Les disques planent, montent, font des vrilles, parfaitement synchronisés. Un nuage passe, ils perdent un peu d'altitude. Ils s'approchent de Vieux Tronc et de ses descendants.

– Il s'agit bien d'arbres volants… curieux.

– Chef, j'ai vu bouger dans le feuillage, fait remarquer Rhodium le scarabée.

– Tu as raison, ces arbres sont habités. Ma parole, on dirait… des miniAtomix!

L'engin du scorpion effectue un virage rapide à cent quatre-vingts degrés, il se détache du peloton et vient frôler la cime de Vieux Tronc. Technétium se sent impuissant contre cet arbre géant… À son plus grand étonnement, il voit alors assis à califourchon sur une branche son ennemi juré: Hydro.

– Vite! Passons à l'attaque, aboie-t-il immédiatement aux autres pilotes. Ils viennent pour libérer Ura.

Technétium reprend le contrôle de la formation. Les pilotes passent et repassent à toute allure en faisant osciller leurs engins de manière menaçante. Les petits troncs, effrayés par ces gros insectes volants, courent sur les branches dans tous les sens.

– Calmez-vous, les petits fouets, vous allez finir par tomber. Rappelez-vous ce qui est arrivé à Plouc… Ce ne sont que des papillons géants. Vous n'avez rien à craindre, mes petites pousses tendres, Vieux Tronc est là.

Mais les soi-disant papillons géants, avec leurs bords tranchants, volent beaucoup trop près de ses branches, et Vieux Tronc n'aime pas ça du tout. Avec ses huit pattes, Zirconium contrôle parfaitement son appareil et réussit à trancher net la cime de l'arbre où se trouve Chlore. Déstabilisé, l'arbre parvient à redresser son vol à la dernière minute et évite l'écrasement en se soutenant aux autres. Chlore, suspendu dans le vide par la trompe, cherche désespérément à reprendre pied sur une branche.

C'en est trop… Vieux Tronc grogne un ordre qui se répand dans le voilier d'arbres. Les branches se resserrent pour former un treillis très dense. Chlore sent avec soulagement qu'un chêne massif est venu se placer sous ses pieds. Toujours poursuivis par les métaAtomix, les arbres descendent et effectuent alors un dangereux vol en rase-mottes.

Ils arrivent enfin à la tranche du monde, puis s'enfoncent sans hésiter dans le vide. Hydro, impressionné, s'accroche de toutes ses forces. Technétium et ses métaAtomix, qui n'ont jamais volé si loin en dehors du Minimonde, freinent brusquement et font demi-tour.

– Restons sur nos gardes. Il faut organiser des patrouilles désormais. Ils peuvent revenir à tout moment.

De retour à l'Accélérotron, Technétium ne parvient pas à retenir sa colère.

– Quand j'aurai maîtrisé l'énergie nucléaire, je serai tellement puissant que rien ni personne ne pourra me résister, surtout pas des vieux bouts de bois volants. Où est le radioAtomix ?

– Je… je l'ai envoyé sous bonne garde à Métapolis, Votre Délabrement.

– Mais pourquoi donc ?

– Heu… vous avez dit de le garder au frais… j'ai alors pensé à l'usine de réfrigération.

– Disparaissez de ma vue, misérable boson.

MMMMMMMMMMMMMMMMMMMMM

Une fois revenu dans le Macro-monde, Tek se sent contrarié. Ses plans ne marchent pas aussi bien que prévu. Pire, cet Hydrogène de malheur s'est trouvé des alliés puissants alors que lui-même est entouré d'incapables de la pire espèce.

Tek replonge également dans ses préoccupations du Macro-monde. Depuis qu'il a trouvé la photo dans le grenier d'Actinia, il se demande sans cesse ce que lui cache sa grand-mère.

Il a beau se creuser les méninges, il ne comprend pas pourquoi il apparaît sur une photo de l'ancien temps. Il doit absolument élucider le mystère et n'a d'autre choix que de confronter Actinia…

Le soir même, après l'école, il se décide enfin.

– Grand-mère, comment est-ce possible que tu aies une photo de moi qui date de l'ancien temps ? lui demande-t-il le plus gentiment du monde.

– Hein ? Comment ? Montre-moi ça…

Actinia ajuste ses lunettes et examine attentivement la photo.

– Ha, mais… Ce n'est pas toi, mon trésor, c'est une photo de Jérôme. C'est vrai que vous vous ressemblez un peu… surtout les yeux.

Plus qu'un peu. À part la coiffure – le garçon sur la photo porte les cheveux coupés très courts – et les vêtements démodés, c'est lui trait pour trait.

– Jérôme ? L'enfant que tu as adopté tout comme moi ?

– Adopté, si on veut, parce que dans mon cœur vous êtes mes fils tous les deux.

– Comment se fait-il que je ne l'aie jamais rencontré.

– Ah non ? Tu ne le connais pas, chounet ? Il voyage tellement, la Russie, le Japon, l'Australie… Attends… Quand est-il venu pour la dernière fois ? Heu…

Les pertes de mémoire d'Actinia n'aident en rien Tek à trouver la clé de l'énigme. Et si… et si ce Jérôme n'était nul autre que lui-même ? Qu'il ait vécu dans cette époque ancienne, mais qu'aujourd'hui il ne s'en souvienne plus. Peut-être vient-il… du passé…

Bien sûr ! Il a voyagé dans le temps et le voyage l'a changé, causant chez lui des pertes de mémoire et plein d'autres petites anomalies.

Ça explique tout. Les milliers de détails qui clochent chez lui : l'hésitation de la bulle de l'école à le laisser entrer, son ADN de couleur bizarre, ses cellules anormales… C'est donc ça ! Il vient du passé.

De plus en plus convaincu que Jérôme et lui-même ne font qu'une seule personne, Tek entreprend des recherches intenses sur les voyages dans le temps. Il faudrait en parler à monsieur P.

*

– Éli ? C'est toi, ma puce ?

– Maman !

En entendant la voix de sa mère, Éli se retient pour ne pas se précipiter dans ses bras en courant.

– Je suis contente que tu sois de retour. Tom va bien ? J'ai téléphoné chez lui à deux reprises, mais chaque fois il m'a dit que tu étais occupée.

– Je voudrais m'excuser… je… j'ai peut-être… enfin… je ne sais pas…

Éli ne sait pas comment expliquer à sa mère pourquoi elle s'est emportée ainsi, ni pourquoi elle éprouve toute cette colère. Tout lui paraît si compliqué, si difficile à résoudre : la disparition des déchets toxiques du parc-bulle, celle des électrons dissidents… Et, par-dessus tout, Tom qui lui cache des choses.

Ah, si seulement ses parents accordaient plus d'importance à ce qu'elle dit et ne se montraient pas toujours si sceptiques !

– N'y pense plus... On ne trouve pas toujours les bons mots.

D'ailleurs, les bras de sa mère qui se referment sur elle en disent bien plus long que tous les mots du monde, et Éli ferme les yeux de bonheur. Quel plaisir de se retrouver chez elle après cette nuit passée à escalader les entremurs et à dormir dans un lit inconnu !

Comment les jumeaux arrivaient-ils à vivre ainsi ? Elle devrait peut-être les inviter à venir s'installer chez elle ; leur maison est tellement grande !

Chapitre 11

La mare à Krypton

Lundi matin, à l'école des Zorbitals, après une longue fin de semaine ennuyante à souhait, Éli et Tom se précipitent l'un vers l'autre et commencent à parler en même temps. Tout sort pêle-mêle, incompréhensible : « Oh Éli ! », « Tom ! », « Je voudr… », « J'ai quelq… », « C'est ma fau… ». Puis ils se taisent.

– À toi l'honneur, offre Tom avec galanterie.

– Non, toi d'abord.

Le garçon lui tend alors une jolie petite boîte vert émeraude entourée d'un ruban bleu.

– C'est pour toi… pour me faire pardonner.

Éli dénoue le ruban et ouvre la boîte avec délicatesse. À l'intérieur, elle reconnaît immédiatement la petite chaussette vert pâle : l'Œil de cristal.

– Oh, Tom…

La voix étranglée par l'émotion, Éli est incapable de parler. Tom pose la main sur son épaule et reste un long moment silencieux avant de lui faire un aveu.

– J'avais l'impression d'avoir tout gâché.

– Moi… moi aussi.

– Je suis désolé… C'est parce que j'avais promis de garder un secret… un secret concernant les jumeaux.

– Hein ? Moi aussi, j'ai fait une promesse aux jumeaux.

Ils éclatent de rire.

– C'est peut-être le même secret alors… Sans te trahir, peux-tu me donner un indice pour voir ?

– D'accord. Voici mon indice : entre-murs.

– Donc, tu sais que les jumeaux se promènent dans les entre-murs ?

– Bien plus que ça… J'y suis allée moi-même.

Tom regarde Éli avec étonnement. Enfin complices à nouveau, ils commencent à s'échanger à toute vitesse tout ce qu'ils n'ont pas eu la chance de se raconter depuis quatre jours (aussi bien dire une éternité !).

Quand ils se décident à rejoindre les autres au fond de la cour, derrière le mur du gymnase, Éli remet à Tom l'Œil de cristal.

– Pourrais-tu le garder pour moi ?

– Si tu veux, lui répond Tom avec un grand sourire.

Et pouf! ils partent tout heureux dans le Mini-monde.

MMMMMMMMMMMMMMMMMMMM

Les arbres migrateurs reviennent chez eux et, pour la première fois depuis longtemps, la présence des petites pousses qui ont pris racine durant leur absence ne les gêne pas du tout.

– Il est temps de poursuivre notre voyage pour trouver le deuxième maître d'Octet, annonce Azote.

– Je ne vous remercierai jamais assez pour le petit. Revenez quand vous voulez.

Hydro a le cœur gros en quittant Vieux Tronc auquel il s'est attaché.

Ils suivent à nouveau le torrent de la rivière. À mesure qu'ils montent en altitude sur le mont Nimbus, les arbres deviennent de plus en plus petits et rabougris. Plus haut, la végétation ne pousse plus du tout.

– Il faut se méfier des pièges, leur rappelle Azote. Souvenez-vous de ceux de la montagne de Feu.

Comme la méduse prononce ces paroles, ils arrivent devant un large plateau recouvert d'une couche d'eau.

– Hum… il faut traverser ici. Ça n'a pas l'air profond, mais on ne sait jamais…

– … il y a peut-être des fosses cachées. Marchons en file indienne, suggèrent les félins.

– Si vous avez peur de vous mouiller, vous n'avez qu'à utiliser les chaussures pour marcher sur l'eau, propose Chlore.

– Fais voir tes fameuses chaussures? demande Mag.

– Mais elles sont pleines de trous! s'exclame Cal.

Avec une mine de dégoût, les deux félins avancent dans l'eau en sondant le fond à l'aide d'une longue perche. L'eau leur arrive aux chevilles. « Pas de quoi fouetter un chat, songe Oxy. Mag et Cal exagèrent. »

Cependant, quand ils atteignent le milieu de la grande flaque, brusquement la température descend de plusieurs degrés et l'eau se fige instantanément, emprisonnant dans la glace pieds, pattes et sabots.

Hydro ne peut plus ni avancer ni reculer… Seule Héli, perchée sur le dos d'Oxy, est encore libre de ses mouvements, mais que peut faire la petite fée?

Sod pose ses mains sur la glace dans l'espoir de la faire fondre. Cal tente de casser la glace avec un petit pic d'escalade.

– Il n'y a rien à faire, se désole Chlore qui souffle par sa trompe de l'air chaud autour de ses pattes emprisonnées.

– Si seulement on avait du feu, soupire la petite guenon.

Le feu ?... Hydro ouvre sa pochette et laisse sortir Mouch.

– Heu... Dis donc, Mouch... Crois-tu que tu pourrais refaire, tu sais... ce que tu as fait dans la clairière ?

Tous trouvent que l'idée est excellente. Héli ramasse du bois sec et prépare un petit tas sur la glace. Après s'être fait supplier, Mouch se décide enfin à sortir la flamme figée, sauf qu'au moment d'ouvrir le flacon, il est pris par un doute... L'électron a peur. Il se souvient de la rage incontrôlable du monstre enfermé dans la petite fiole.

– Allez, Mouch, vas-y ! Il n'y a rien à craindre.

L'électron verse quelques étincelles sur le bois sec et, en un instant, le feu commence à mordre dans le bois et à gronder.

– Ouf, enfin ! Je sens que mes sabots commencent à bouger.

La joie d'Oxy est cependant de courte durée, car en fondant, la glace se change en eau et pshitttt ! le feu s'éteint bêtement en s'enfonçant dans l'eau.

– C'est malin ! commente le centaure. Le feu attaque la glace et ensuite l'eau attaque le feu. Quel piège diabolique !

Azote, qui ne voit pas l'ombre d'une solution, reste pour une fois silencieuse.

– Un piège, dis-tu ? note Héli en volant au dessus du feu qui achève de mourir. Tiens, ça me donne une idée. Attendez-moi, je reviens.

Sans donner d'explications, Héli file à toute allure et disparaît en direction de la vallée.

– L'attendre… comme si on pouvait aller ailleurs ! se moque Mag la panthère.

Après un temps qui paraît une éternité, Hydro entend un gros flop, flop ! aérien, un bruit d'aile familier qui lui réchauffe le cœur… Génial ! Héli est allée chercher Néon le sympathique dragon et l'a ramené jusqu'à eux.

– Ffuu… Comme vous voilà pris, mes amis ! Les pieds… ffuu… dans les plats, si on peut dire… Heureusement… ffuu… que vous avez une petite fée avec vous, autrement… ffuu… Le… temps… de reprendre mon souffle… et je suis à vous.

À l'aide de quelques souffles chauds bien placés, le dragon fait fondre la patinoire autour d'eux et libère les prisonniers.

– Merci, Néon !

– Bon, je ne peux pas rester plus longtemps, je dois retourner à mes fours avant que mes laves ne collent. Soyez prudents dorénavant. Et passez le bonjour à Krypton de ma part.

Avant de reprendre la route, Azote distribue à tout le monde une double ration de capsules d'énergie. Ils en ont bien besoin.

– Les réserves diminuent plus vite que prévu, constate-t-elle en jetant un coup d'œil aux provisions dans les sacoches de Chlore. Il faudra penser à les renouveler.

Durant cette petite halte salutaire, Hydro prend son électron à part.

– Mouch, viens ici. Fais voir cette fiole à incendie.

Mais il a beau insister, l'électron regarde ailleurs, fait la sourde oreille, celui qui ne comprend pas…

– Je ne le répéterai pas deux fois.

– Hum… on dirait que nous ne sommes pas au bout de nos peines, constate Cobalt, la tête levée vers le ciel. Regardez ce qui vient droit sur nous.

De gros nuages noirs s'accumulent au-dessus d'eux et assombrissent le ciel en un instant. Presque aussitôt, le vent se lève, apportant avec lui les premiers flocons.

– Bon, nous en reparlerons plus tard, tranche Hydro en enfermant Mouch dans sa pochette. Mais ne crois pas t'en tirer aussi facilement.

– Vite, à l'abri ! conseille la méduse.

Pendant qu'ils se dirigent vers un refuge de fortune, la neige commence à tomber dru et devient si dense qu'ils ont l'impression d'être enfermés dans un mur tout blanc.

Ils s'entassent les uns contre les autres et attendent que les nuages aient fini de déverser sur eux leurs milliards de millions de flocons de neige.

– Nous voilà dans un nuage à présent, fait remarquer Sod quand le calme revient et que les rayons du soleil font scintiller les bancs de neige géants qui les entourent.

Même Oxy en a par-dessus la tête. Vaillamment, Cal et Mag tentent une sortie, mais disparaissent aussitôt dans la masse blanche. Les félins, la fourrure couverte de cristaux de glace, reviennent dans l'abri en rampant.

– Impossible de marcher là-dedans…

– … il va falloir creuser un tunnel.

– Ou bien utiliser les chaussures trouées pour marcher sur l'eau, propose Chlore à nouveau.

– Tu as raison ! Bravo, le félicite Hydro. C'est ce que voulait dire Silicium : marcher sur l'eau… La cigogne ne voulait pas dire l'eau liquide ; elle parlait d'eau solide : la neige.

L'éléphant rayonne de fierté. Pour une fois que c'est lui qui trouve la solution à leur problème !

Ils attachent les raquettes sous leurs pieds et se frayent un chemin dans la neige à la queue leu leu. Oxy, qui n'arrive pas à marcher avec ces engins au bout des sabots, suit à l'arrière et utilise le sentier déjà piétiné par le passage des autres.

– Pas de tout repos, votre recherche du *savoir* ! grommelle Antimoine.

La pieuvre ne croit pas si bien dire, car le mont Nimbus leur réserve encore des pièges redoutables…

Ouvrant la marche avec fierté, Chlore aboutit sur une pente abrupte couverte d'une neige très épaisse. En s'engageant sur la surface blanche, l'éléphant cale d'un coup jusqu'aux genoux et sa trompe s'enfonce dans la neige. Incapable de respirer, il frotte énergiquement sa trompe gelée puis atchoum ! atchoum ! atchoum ! éternue avec force trois fois.

Les éternuements sonores brisent alors un équilibre fragile… La neige à cet endroit est agencée en couches qui reposent les unes sur les autres comme un château de cartes… C'est comme si Chlore venait de souffler dessus. Un large pan de neige se met en branle et commence à glisser dangereusement vers eux.

– Une avalanche !

La masse de neige les rattrape puis les entraîne à vive allure vers le bas de la pente. Antimoine tente de ne pas perdre pied pour éviter de disparaître dans les bouillons de neige folle. Oxy s'est assis sur ses pattes arrière et contrôle sa descente en se dirigeant avec les pattes avant.

– Yahooou ! hurle-t-il pour se donner du courage.

Malgré le danger, Sod prend plaisir à relever la pointe de ses raquettes et à surfer sur le devant de l'avalanche. Chlore a moins de chance et commence à débouler en roulant sur lui-même, pattes et trompe et pattes et trompe…

Quand l'avalanche s'immobilise, Chlore se retrouve la tête plantée dans la neige.

Après s'être assurée que personne ne manque à l'appel, Sod ne peut s'empêcher de s'écrier :

– Whaouh ! On recommence ?

Seul Oxy lui fait un clin d'œil complice.

– Heureusement que personne n'a été enseveli. On ne s'en sort pas trop mal après tout.

L'éléphant, qui tient sa pauvre trompe meurtrie à deux pattes, n'est pas du même avis qu'Azote.

– Il va falloir remonter… et sans faire de bruit cette fois-ci.

Les yeux sévères de la méduse – ainsi que ceux de tous ses serpents – sont tournés vers Chlore.

– Pas ma faute, marmonne-t-il.

*

Bien plus tard, quand ils franchissent la crête de neige, ils ont la surprise de constater que le paysage change du tout au tout sur le sommet du mont Nimbus. Plus aucune trace ni de neige ni de glace. À la place, un microclimat tropical, chaud et humide avec un brouillard à couper au couteau.

– Purée de pois ! Krypton doit se cacher quelque part là-dedans.

Azote avance les bras tendus comme une somnambule. Les autres suivent, une main posée sur l'épaule de celui ou celle qui précède. Ils avancent à tâtons jusqu'à ce que floutch ! Azote tombe dans la flotte.

Tandis que la méduse s'extirpe de l'eau en bougonnant, la tête gluante d'algues mêlées aux serpents, le brouillard s'éclaircit peu à peu. Chlore fait un effort pour ne pas éclater de rire. Il ne veut pas s'attirer les foudres d'Azote.

– Joli chapeau ! souligne Sod qui ne craint personne et surtout pas le caractère autoritaire de la méduse.

La remarque de la petite guenon moqueuse et joueuse-de-tours-pas-toujours-drôle déclenche chez Chlore un fou rire incontrôlable.

C'est alors qu'un drôle d'oiseau avec le symbole « Kr » coloré sur le plumage arrive vers eux en clapotant à la surface de l'eau.

– Qui ose se tremper les pieds dans ma mare sans permission ? En voilà des manières, jeune personne.

Le canard sort de l'eau et s'avance vers Azote en continuant de l'apostropher.

– Est-ce que je me trempe chez vous sans y être invité, moi ?

– Désolée… C'est à cause du brouillard. On ne voyait rien…

– Quel brouillard ?

C'est vrai, à part un gros nuage qui déverse sa pluie à l'autre bout de la mare, le ciel est complètement bleu.

– Heu…

– Seriez-vous Krypton ? demande Héli pour sortir Azote de l'embarras.

– Pour vous servir, jolie fée !

– Nous vous apportons le bonjour de Néon.

– Ah, ce cher gros dragon ! Nous sommes les meilleurs amis du Mini-monde, mais, entre nous, c'est toujours l'eau et le feu. Vous n'avez certainement pas affronté mes pièges simplement pour m'apporter des nouvelles de ce sympathique voyou.

– Non, nous sommes ici pour vous rencontrer.

– C'est trop d'honneur… Oh ! C'est bientôt l'heure. Suivez-moi.

Sans attendre, le canard plonge dans la mare et s'éloigne en agitant ses pattes sous l'eau. Ses trente-six électrons équipés de palmes le suivent à la surface de l'eau comme des petits canetons.

– Qu'est-ce qu'il croit, ce maître d'Octet…

– … on ne va tout de même pas le suivre à la nage !

– Hé, Krypton, attendez !

Avant de disparaître entre les roseaux, le canard se retourne vers eux et leur crie :

– Ceux qui ne veulent pas se tremper les pattes n'ont qu'à utiliser le pont un peu plus loin, et rendez-vous sur l'île. Le spectacle va commencer. Dépêchez-vous.

Ils se rendent tous sur une petite île verdoyante. Le canard les attend en pataugeant dans une seconde petite flaque d'eau située au centre de l'île.

– Ma mini-mare. Faites comme chez vous.

Krypton s'installe et, fasciné, ne quitte pas des yeux l'autre bout de l'étang où se trouvent de gros nuages.

– Vous regardez tomber la pluie ? demande Oxy, étonné.

En effet, les nuages dodus déversent d'énormes quantités de gouttelettes. Au sol, l'eau forme des gerbes, puis des sillons, et ensuite des torrents timides qui s'élancent joyeusement à toute vitesse sur les pentes du mont Nimbus…

– Mais… c'est la source. C'est ici que prend naissance la rivière Apprivoisée, fait remarquer Azote avec émotion.

– Ah, voilà l'artiste ! annonce Krypton en pointant le ciel au-dessus des nuages.

Hydro reste bouche bée. Lithium la licorne, qu'il a rencontrée au village des Frontaliers du sud, vole au-dessus des nuages en les saupoudrant de pigments provenant de la savane Arc-en-ciel. Les poudres turquoise, azur, jaune et ocre pénètrent dans les nuages, se mélangent aux gouttelettes d'eau et colorent la pluie.

Celle-ci tombe dorée au début, vire doucement au bleu, puis au vert. Lithium passe, repasse et se surpasse en changeant de poudre, ajoutant ici et là des petites touches de rouge ou de violet. Le spectacle est superbe.

Mouch ne jette qu'un coup d'œil distrait sur la pluie multicolore. Il n'est pas ici pour s'amuser, lui. L'électron doit poursuivre son importante mission. « *Un brin d'humidité.* » Ce n'est pas ce qui manque par ici ! « *Une matière prenant toutes les formes.* » Il ne peut s'agir que de l'eau. L'ingrédient du maître d'Octet Krypton ne pose aucun problème.

Pendant que tous les autres gardent les yeux rivés sur le spectacle de Lithium, l'électron s'approche secrètement de la petite mare et y plonge une de ses fioles aux parois épaisses. Dès qu'il referme le bouchon, l'eau se fige et se transforme en glace bleue.

Après avoir terminé sa prestation, Lithium vient rejoindre les miniAtomix sur la petite île. Elle est chaudement accueillie par un tonnerre d'applaudissements. La licorne est à la fois surprise et ravie de retrouver Hydro et ses amis :

– Francium sera si heureuse d'avoir de vos nouvelles. Elle se faisait du mauvais sang pour Oxy et Cobalt. Qu'est-ce qui vous amène aussi près des nuages ?

– Nous rendons visite aux maîtres d'Octet.

– Au fait, que me voulez-vous ? s'enquiert soudain Krypton, curieux.

Hydro cherche soigneusement ses mots avant de lui répondre.

– Pour parvenir à affronter les métaAtomix, Ura le radioAtomix nous a suggéré de rassembler le *savoir*. D'après lui, chaque maître d'Octet en détient une partie… Alors voilà, selon vous, quelle force est la plus grande ?

– Hum… l'eau, assurément.

– L'eau ? demande Hydro, désappointé par la réponse du canard.

– Oui. La force de l'eau est énorme. L'eau s'infiltre partout, gèle et fend les pierres les plus solides. L'eau érode les montagnes les plus hautes. L'eau s'évapore et disparaît, puis retombe en trombes. Elle coule, se rassemble en torrents, emporte tout sur son passage.

Azote et ses serpents approuvent de la tête ; certains endroits de la rivière effraient même les dompteurs de flots les plus chevronnés.

– L'eau actionne les roues des moulins, poursuit Krypton, déplace les objets, fait flotter des masses géantes…

« Peut-être… », se dit Hydro qui ne voit cependant pas très bien comment utiliser la force de l'eau contre les métaAtomix.

Avant que la nuit ne s'installe, Hydro prend Lithium à part.

– Voudrais-tu m'emmener quelque part ?

– Là, maintenant ?

– Oui. Je suis très inquiet pour Ura. J'aimerais faire un aller-retour jusqu'à sa grotte… pour en avoir le cœur net.

– Avec plaisir.

Le plus discrètement possible, Hydro et la licorne prennent leur envol. Lithium suit la rivière Apprivoisée puis arrive au Grand Lac.

– Je connais le chemin, dit-elle à Hydro avant de s'enfoncer sous l'eau sans hésiter.

Quand ils parviennent à la grotte, c'est la consternation. Tout est sens dessus dessous et Ura reste introuvable… Ainsi, le vieillard décrit par Cobalt est bel et bien Ura. Mais comment les métaAtomix ont-ils fait pour découvrir son repaire ? Hydro doit se rendre à l'évidence : il y a peut-être un traître parmi eux. Mais qui ? À moins que…

MMMMMMMMMMMMMMMMMMMM

Apostrophé par Tek, Tom se retrouve à nouveau dans la cour de l'école.

– Alors minus, ce n'est pas en te sauvant dans le Mini-monde que tu vas t'en tirer. C'est l'heure de vérité.

En effet, la grande finale de ballon-ice a lieu ce matin : les AlCa contre les MéTa.

Fortement ébranlé par ce qu'il vient de découvrir dans la grotte d'Ura, Tom reste sans voix. Que s'est-il donc passé ? Pourquoi Ura a-t-il accepté de suivre les métaAtomix dans la Zone ?

Et si… si… Tom se refuse d'accepter cette idée révoltante qui germe en lui… et si le radioAtomix était maintenant de mèche avec Technétium ?

– On dirait que tu viens de voir un spectre. Attends un peu et tu vas être encore plus blanc après le match. J'ai déjà prévu quelques petites épreuves spécialement pour toi… hé ! hé !

Tom cache son inquiétude et préfère ne pas penser aux supplices que lui fera subir Tek s'il perd le match. Nadine, qui sent le désarroi de Tom, passe son bras autour de ses épaules et l'entraîne à l'écart.

– Ne fais pas attention à ce qu'il dit. Il ne joue que pour lui, il n'a aucun esprit d'équipe. On n'en fera qu'une bouchée de ce crâneur et des MéTa.

Les joueurs prennent position de chaque côté du terrain. Nazora se place au milieu du jeu et lance le ballon dans les airs. Il tombe du côté des MéTa. Les plus grands ont donc l'avantage du premier lancer.

Rod ouvre les hostilités en projetant le ballon sur Césarine qui se retrouve gelée sur-le-champ.

Nadine, qui prend son rôle de capitaine au sérieux et veut à tout prix éviter que ses coéquipiers ne se laissent gagner par le découragement, ajoute sur un ton confiant :

– Parfait, Césarine, tu pourras nous faire des passes à partir du pôle nord.

Les tirs puissants et répétés de Tek sèment cependant la pagaille chez les AlCa.

– Gardez vos positions ! Nous ne formons qu'un seul corps, rappelez-vous : bras, jambes et tête.

Les paroles de Nadine cheminent dans la conscience de Tom qui est momentanément isolé des autres joueurs de son équipe. « Un seul corps », se répète-t-il ... Oui, un corps immense se dressant devant Tek... devant Technétium et capable d'affronter le scorpion. En ralliant leurs forces, ils deviennent imbattables.

Motivé par cette image puissante, le garçon s'avance avec détermination jusqu'au centre du jeu, en plein dans la région des tirs. Les joueurs de son équipe prennent position derrière lui... bras, jambes et tête. Nadine bondit, intercepte le ballon, fait une passe à Tom. Lancer, toucher : Zorna est gelée.

Tc
Au
H

– Hourra ! hurlent Olivier, Éli et les jumeaux en chœur.

À partir du pôle nord, Zorna retourne le ballon avec un lancer en hauteur. Impossible pour Lili d'intercepter la passe. Coralie s'empare du ballon et gèle un joueur des AlCa.

– Hourra ! hurle Olivier… qui met aussitôt les mains sur sa bouche.

– Hé ! Qu'est-ce que tu fais ? Tu prends pour les MéTa maintenant ? le sermonne Éli.

– Heu… non, non…

À mesure que le match progresse, l'ardeur de Tom augmente. Tek se dit qu'il doit absolument neutraliser le garçon… Il le vise soigneusement. Le ballon s'envole avec force et atteint Tom directement à la tête. Celui-ci, étourdi, n'a pas le temps de réagir. Mais rapide comme l'éclair, Nadine bondit et, couchée au sol, elle reçoit le ballon directement dans ses bras ouverts. Ouf ! Tom est sauvé.

– Attention, Tek ! On ne vise pas la tête. Souviens-toi de ce qui est arrivé à Éli, le réprimande la surveillante.

– Je n'ai pas fait exprès, Madame, excusez-moi.

– Menteur ! s'écrie Éli, offusquée, qui se rappelle trop bien comment Tek l'a blessée au début de l'année en lançant le ballon brutalement.

Le match se poursuit. Les joueurs sont gelés un après l'autre. Il ne reste à présent que Tek contre Nadine et Tom. La tension est palpable. Nadine fait une passe à Tom qui lui renvoie le ballon, puis à Tom de nouveau. Le garçon vise alors la cheville de Tek avec un lancer si précis, si près du sol que le capitaine des MéTa n'a aucune chance et… c'est la victoire des AlCa.

Hourra ! Une grande clameur retentit dans la cour d'école : « Hourra pour les AlCa ! Hip, hip, hip, hourra ! »

– Vous avez intérêt à bien dormir la nuit prochaine, car la journée de demain promet d'être longue… très longue, lance Nadine avec sarcasme. N'oubliez pas que vous devrez vous plier à tous nos caprices.

Tek fulmine.

Le soir, avant de s'endormir, Éli reçoit un message codé de Tom sur son CP :

CTAAGGGCGTTACTAAATTTAACC AGGGCGATCACCAGGGAATAA ?

… un épouvantable message.

Chapitre 12

La journée des punitions

Pour la première fois depuis le début de l'année scolaire, Tek est en retard.

Regroupés au fond de la cour, les joueurs de l'équipe des MéTa ont l'air de suppliciés sur le point d'être sacrifiés. Aujourd'hui, ils doivent obéir au doigt et à l'œil aux ordres des AlCa.

C'est Lili qui ouvre le bal. Faisant mine d'être fatiguée, elle demande à Augusto de porter pour elle sa plaque antigravité jusqu'à l'espace de rangement.

Nadine, qui déborde de projets, encourage Moli à envoyer un courriel à madame Quersek.

– Tiens, voici le texte que tu dois lui transmettre :

Chère Madame Quersek, on m'a beaucoup parlé de votre très grand talent d'enseignante et de vos méthodes implacables. J'aimerais, si possible, suivre avec vous quelques cours d'appoint pour m'aider en mathématiques.

Elles allaient fort bien s'entendre toutes les deux.

Dès que Tek passe la bulle de protection – après l'habituel moment d'hésitation de la part de celle-ci –, il est apostrophé par Tom :

– Regarde le collier que j'ai fabriqué pour toi.

Il tient dans sa main une corde rêche au bout de laquelle pend une suce de bébé, une suce électronique que Tek a déjà vue quelque part…

– À garder bien en évidence jusqu'à demain, même pour rentrer à la maison ce soir.

Humilié, Tek passe la suce autour de son cou. Les enfants rassemblés autour de lui éclatent de rire. « Ils le paieront tous », pense-t-il en serrant les poings.

– Attends, ce n'est pas fini, intervient Nadine. J'ai quelques petites suggestions à faire pour améliorer ton apparence du jour…

Elle demande à Tek d'enfiler son chandail de ballon-ice à l'envers et de peigner ses cheveux vers l'arrière en les collant sur sa tête avec une espèce de gelée graisseuse qu'elle lui fournit.

Quand il entre en classe, madame Rachel le regarde passer avec étonnement, reconnaissant à peine le garçon toujours si impeccable.

– Tek ?

Durant l'heure du dîner, les joueurs de l'équipe des AlCa continuent de profiter de leur victoire aux dépens des MéTa. Césarine, qui lance la balle au mur, demande à Coralie de la lui rapporter quand elle l'échappe. Mais Olivier intervient aussitôt en prenant la défense de la joueuse des MéTa.

– Ce n'est pas une vraie MéTa, laisse-la tranquille. Demande plutôt à Zorna.

Augusto et Rod sont contraints d'exécuter ensemble une petite danse inepte devant la directrice médusée. Ensuite, Rod doit avouer publiquement que Nazora est la plus rapide en course de plaque antigravité et, finalement, Zorna doit écrire une lettre d'amour à Nic dans laquelle elle lui avoue qu'elle le trouve beau.

« Après cette humiliation, pense-t-elle, je n'oserai jamais plus danser devant lui. »

Durant la récréation de l'après-midi, Tom et ses amis gagnent le Mini-monde, heureux de leur succès du jour contre les MéTa. Mais juste avant de *pouffer*, Éli pose la main sur le bras de Tom. Son regard est à la fois triste et sévère. Elle murmure simplement :

– Est-ce que tu crois vraiment à ce que tu m'as écrit hier au sujet d'Ura ?

– Je ne sais pas…

MMMMMMMMMMMMMMMMMMMMM

Avant de quitter la mare, Héli montre à Krypton le canard les portraits de famille que Néon lui a donnés.

– Oh! je ne savais pas que vous aimiez les portraits. Il fallait le dire, jolie fée. J'en ai une série pour vous.

Le canard barbotte jusqu'à un nid camouflé au milieu des herbes et revient avec son cadeau.

– Voici la quatrième famille d'Octet…

Krypton étale sur l'herbe les portraits, un à côté de l'autre, en récitant une sorte d'incantation: ***K**oala **Ca**cha **G**â**t**eau **Gé**ant **As**suré**m**ent **Se**lon **Br**uno **Kr**ill.*

– La formule secrète pour me souvenir de l'ordre de mes minis. Voyons voir. En premier K, Potassium le lapin, ensuite Ca, Calcium le chat. Ga, Gallium le coq…

– Calcium, c'est toi, Cal.

– Mais alors, nous ne sommes pas de la même famille, se désole le chat en se tournant vers Mag la panthère.

– Bien sûr que non, Magnésium fait partie de la famille d'Argon l'aigle, explique le canard.

Azote met abruptement fin aux explications et aux accolades d'adieux qui s'éternisent.

– Il est temps de partir. Y a-t-il encore des risques d'avalanche ?

– Plus que jamais, il a neigé toute la nuit.

– Alors, je reste ici, fait savoir Chlore qui tâte sa trompe encore douloureuse.

– La mare ne sera jamais assez grande pour toi, se moque Sod.

– Pas grave, je reste.

– Attendez, il y a une autre solution. Vous pouvez redescendre du côté du glacier, vous arriverez en bas en moins de deux.

– Je ne me souviens pas avoir vu de glacier.

– Normal puisqu'il se trouve sur le versant est de la montagne.

En prévision de la descente qui promet d'être sportive, chacun se prépare à sa manière. Cal et Mag utilisent leurs raquettes pour se construire une sorte de luge. Oxy, copié par Chlore, se fabrique une paire de skis. Sod, un petit vélo sur patins…

– Si tout le monde est prêt, allons-y. La journée avance.

Au départ, Héli s'installe sur le dos d'Oxy, mais elle change vite d'idée : le fougueux centaure fonce à toute allure dans les pentes escarpées en produisant de grandes gerbes de neige.

– Oxy, ralentis. J'ai de la neige plein les yeux.

La petite fée profite d'une pause pour rejoindre Sod et s'installer derrière elle sur le vélo à patins.

Chlore travaille d'arrache-pied pour arriver à suivre Oxy. L'éléphant ne s'en tire pas trop mal et prend même plaisir à descendre sur cette grande surface enneigée. Il est bien loin d'imaginer ce qui l'attend… Ils prennent beaucoup d'avance sur les autres. Arrivé à mi-montagne, Oxy quitte le glacier pour entrer dans un sous-bois.

– Oxy ! Oxy ! Arrête-toi. On devrait attendre les autres.

Grisé par la vitesse et la neige légère, le centaure file entre les arbres, bondit au-dessus des petits caps rocheux, sans rien entendre des cris de Chlore. L'éléphant hésite à le suivre, mais, comme il ne veut pas rester seul, il s'enfonce à son tour dans le sous-bois.

– Hé ! attends-moi.

Sa technique n'est pas aussi bonne que celle d'Oxy. L'éléphant a l'impression que tous les arbres de la forêt foncent sur lui. De nouveaux obstacles surgissent sans arrêt et l'empêchent de freiner. Chlore prend alors de plus en plus de vitesse… Au bord de la panique, l'éléphant ne sait plus quoi faire. Il fonce maintenant comme une balle de fusil en évitant de justesse rochers et troncs d'arbres. Complètement hors de contrôle, il rejoint Oxy et le dépasse en trombe.

– Qu'est-ce que tu fais là ? Jette-toi par terre.

Mais Chlore a beaucoup trop peur de se blesser en se laissant tomber.

– Chlooooore ! Laisse-toi tomber dans la neige.

Mais l'éléphant file devant lui à toute vitesse, droit vers un ravin.

Le reste du groupe progresse sans se douter du danger terrible que court l'éléphant.

– Où sont-ils passés, ces deux-là ? Ils ne nous attendent pas et maintenant avec le blizzard qui se lève, nous ne les trouverons pas de si tôt, grommelle la méduse. Restons regroupés le plus possible.

Juste avant le grand plongeon fatal, Chlore se décide à plier les genoux et se laisse tomber sur le côté. Il roule en boule, pattes par-dessus tête, perd ses skis, le sac de provision de capsules d'énergie, frôle dangereusement un tronc d'arbre et termine sa course enseveli sous la neige, à deux doigts du précipice. Seul le bout de sa trompe dépasse…

– Chlore !

Oxy, arrivé sur les lieux l'instant d'après, commence à chercher l'éléphant avec frénésie. Il jette tout d'abord un coup d'œil dans le vide : aucune trace de chute… Le vent qui s'est levé fait voler la neige en tourbillons autour de lui. Oxy a l'impression d'être entouré par des centaines de petits fantômes qui se moquent de lui en répétant : « C'est ta faute. C'est ta faute. »

– Chlore ?

Par miracle, Oxy aperçoit le petit bout de la trompe de l'éléphant. Il dégage Chlore à toute vitesse et le frictionne vigoureusement. L'éléphant reprend peu à peu ses couleurs. Il tente de se lever, mais la neige est si épaisse qu'il s'enfonce davantage.

– Ne bouge pas. Je reviens.

En utilisant une branche comme perche pour sonder la neige folle, Oxy retrouve les skis de son ami. Puis, encouragé par le centaure – « non, appuie-toi sur moi », « plie les jambes au maximum », « mets le poids sur tes skis »,

« ne te penche pas vers l'arrière », « oh non ! », « ce n'est pas grave, on va recommencer » –, l'éléphant réussit finalement à se tirer du pétrin.

– Où sont les autres ?

– On va les retrouver en bas, ne t'en fais pas.

Oxy se veut rassurant, mais en réalité, il n'a aucune idée de l'endroit où ils se trouvent. Ils suivent le haut de l'escarpement rocheux, en glissant doucement cette fois-ci.

– Je crois que c'est par là ! déclare Chlore qui pense reconnaître le profil des collines à l'horizon.

Arrivé en bas du mont Nimbus, Hydro s'étonne de ne pas y trouver Oxy et Chlore. Ils avaient pourtant une bonne avance sur tout le monde. Les autres le rejoignent l'un après l'autre.

– Il est arrivé quelque chose, s'énerve Hydro. Il faut partir à leur recherche sans tarder.

– Autant chercher une aiguille dans une botte de foin !

Ils décident d'établir un campement sur le bord de la rivière. Les deux skieurs manquent toujours à l'appel quand la noirceur tombe…

Héli tente de rassurer Hydro.

– Oxy est débrouillard. Tu peux lui faire confiance pour se tirer d'affaire. On ne peut plus rien faire pour eux ce soir.

Oxy et Chlore ont rejoint la surface rocheuse en bas du mont Nimbus et abandonné derrière eux leurs skis désormais inutiles.

– Es-tu certain du chemin ? demande Oxy qui ne reconnaît rien du tout.

– Je… oui, oui. C'est par là.

La lumière du jour se fait de plus en plus rare et Oxy se dit qu'il est grand temps de rejoindre les autres. Le centaure entend alors un vrombissement très curieux. Le bruit s'intensifie à mesure qu'ils descendent. Sur le qui-vive, Oxy ouvre la marche et doit faire un effort pour distinguer les obstacles dans la pénombre.

– Oh !

Il recule précipitamment. Il a failli arriver nez à nez sur un groupe de métaAtomix.

– Vite ! Cachons-nous.

Il pousse l'éléphant sans ménagement au fond d'une cavité rocheuse.

– Qu'y a-t-il ?

Oxy est déjà reparti en rampant, laissant l'éléphant seul dans le noir avec ses questions.

De son poste d'observation improvisé, le centaure découvre alors une scène hallucinante : une horde de métaAtomix s'attaque à la montagne. Ils utilisent des machines lumineuses, foreuses, perceuses, coupeuses, souffleuses, dévoreuses pour arracher des pans entiers de montagne qu'ils redirigent ensuite vers une petite usine mobile. Terre et cailloux sont engloutis, réduits en miettes, puis ressortent à l'autre bout sous forme de feuilles de métal lisse, de cubes et de tubes de plastique bien ronds.

Oxy, qui a rejoint Chlore, lui explique la situation.

– Mais qu'est-ce qu'ils font ? se demande l'éléphant.

– On dirait qu'ils transforment la montagne.

– Pourquoi les métas sont-ils chez nous ?

– Tu ne comprends pas… c'est plutôt le contraire.

– Que veux-tu dire ?

– Nous sommes redescendus du côté de la Zone.

– Oh, nooon ! Qu'allons-nous devenir ? se désespère l'éléphant qui pense surtout au fait qu'ils ont perdu toutes les capsules d'énergie.

MMMMMMMMMMMMMMMMMMMMMM

Claude a le souffle court quand ils reprennent leurs esprits dans la cour de l'école.

– Calme-toi, voyons ! Ils ne vont pas nous manger, le rassure Olivier. Ce n'est pas notre première visite là-bas.

Tom les presse de questions.

– Qu'est-ce qui vous arrive ? Où êtes-vous ?

– Bah, nous faisons un petit détour par la Zone… et tenez-vous bien, les métaAtomix grugent actuellement les Pechblendes.

– Comment ? bondit Éli, scandalisée. Il faut les arrêter immédiatement.

Une nouvelle « lutte impossible » à ajouter au carnet déjà bien rempli de cette petite redresseuse de torts… Plus terre-à-terre, Tom se dit que, pour arriver à quoi que ce soit, il doit d'abord et avant tout terminer sa mission : rassembler le *savoir*. Il possède déjà deux pièces du casse-tête : l'eau et le feu. Deux pièces importantes, sans doute, sauf que Tom ne voit pas du tout comment les agencer, car ces deux forces s'annulent. « Bah, après tout, se dit-il, ce cher Hydro n'a rencontré que… les deux premiers maîtres d'Octet ! »

Table des matières

Qui est Dē Bergeron ?

Un des secrets de Dē Bergeron est qu'il s'agit en fait de deux personnes : Dominique et Éric. Ils sont frère et sœur et, depuis qu'ils ont découvert le Mini-monde, ils écrivent ensemble les aventures des miniAtomix.

Dans le Macro-monde, Dominique est aussi une scientifique. Elle adore jouer dans la neige et entretenir la « forêt magique » qui entoure sa vieille maison de campagne. Elle habite à Montréal.

Entre deux voyages dans le Mini-monde, Éric travaille comme traducteur. Il vit présentement à Madrid, en plein cœur de l'Espagne.

Macro-monde…
…et Mini-monde

Enfants	Les miniAtomix		
Césarine	Césium	souris	Cs
Charly	Cal (Calcium)	chat	Ca
Claude	Chlore	éléphant	Cl
Éli Berzélium	Héli (Hélium)	fée	He
Flo	Fluor	fantôme	F
Krypt	Krypton	canard	Kr
Lili	Lithium	licorne	Li
Magalie	Mag (Magnésium)	panthère	Mg
Nadine	Sod (Sodium)	guenon	Na
Nazora	Azote	méduse	N
Néron	Néon	dragon	Ne
Olivier	Oxy (Oxygène)	centaure	O
Sabine	Antimoine	pieuvre	Sb
Tom Bohr	Hydro (Hydrogène)	garçon	H

Enfants	Les métaAtomix		
Augusto	Or	tyrannosaure	Au
Coralie	Cobalt	androïde	Co
Moli	Molybdène	coquerelle	Mo
Nic	Nickel	robot	Ni
Rod	Rhodium	scarabée	Rh
Ruther	Ru-ru (Ruthénium)	mille-pattes	Ru
Tek	Technétium	scorpion	Tc
Zorna	Zirconium	araignée	Zr

Adultes	Les radioAtomix		
Actinia	Actinium	vieille femme	Ac
Fanny Bohr	Francium	femme	Fr
You Bohr	Uranium	vieil homme	U

Carte du Mini-monde

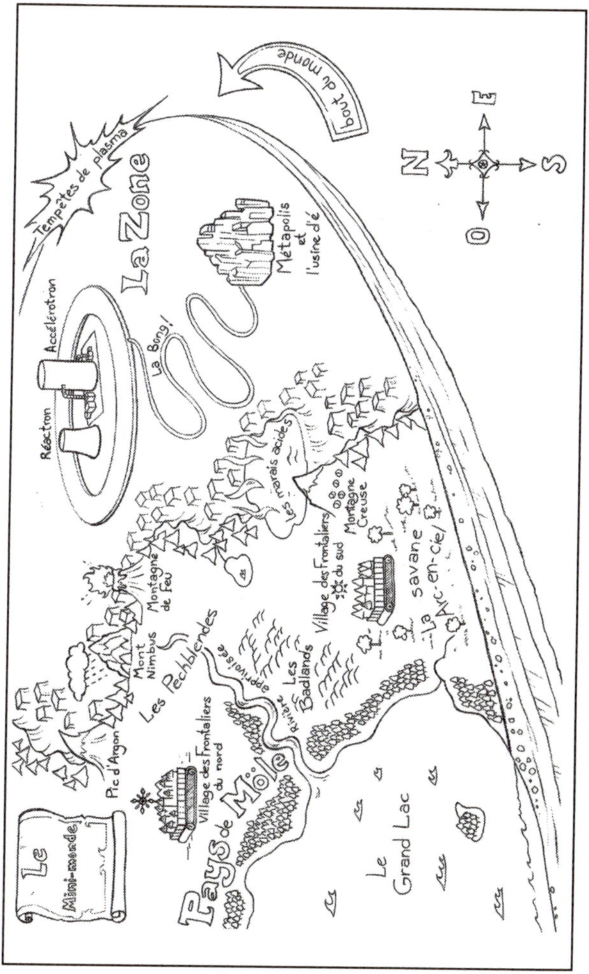

Code secret

Pour décoder un message, il faut séparer la longue séquence en groupes de trois lettres. Chaque petit groupe de trois correspond à une lettre de l'alphabet. Prenons par exemple « ATG ». Le premier « A » nous indique par où commencer dans le plus petit cercle, au centre. Le « T » nous dit où continuer dans le cercle suivant (le plus pâle). Finalement, le « G » correspond à « M » sur le plus grand cercle et nous révèle ainsi la première lettre cachée sous le code. Il suffit ensuite de déchiffrer toutes les autres lettres.

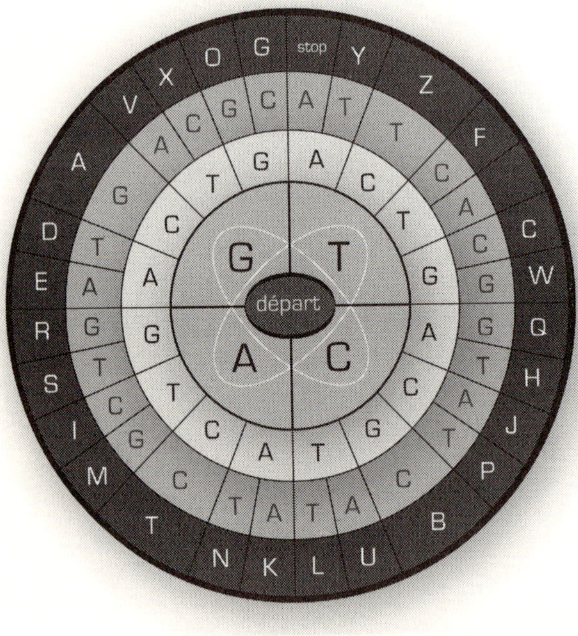